高等职业教育汽车类专业系列教材

汽车故障分析与维修技术

QICHE GUZHANG FENXI YU WEIXIU JISHU

主　编　郑明锋　祁长伟　张羽林

副主编　吴娱雯　江海荣　孙航雨

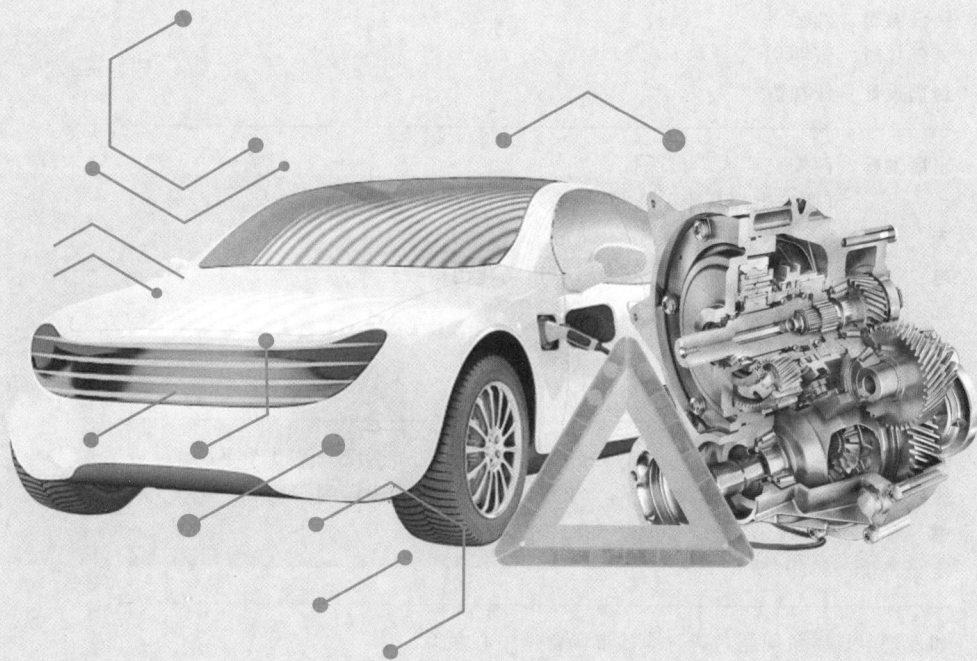

西安交通大学出版社

XI'AN JIAOTONG UNIVERSITY PRESS

图书在版编目(CIP)数据

汽车故障分析与维修技术/ 郑明锋，祁长伟，张羽林主编 . -- 西安：西安交通大学出版社，2024.12. --(高等职业教育汽车类专业系列教材). -- ISBN 978 - 7 - 5693 - 3951 - 2

Ⅰ. U472.4

中国国家版本馆 CIP 数据核字第 2025AY3643 号

汽车故障分析与维修技术
QICHE GUZHANG FENXI YU WEIXIU JISHU

主　　编	郑明锋　祁长伟　张羽林
策划编辑	曹　昳
责任编辑	刘艺飞
责任校对	张明玥
封面设计	任加盟

出版发行	西安交通大学出版社
	（西安市兴庆南路 1 号　邮政编码 710048）
网　　址	http://www.xjtupress.com
电　　话	(029)82668357　82667874(市场营销中心)
	(029)82668315(总编办)
传　　真	(029)82668280
印　　刷	陕西印科印务有限公司

开　　本	787 mm×1092 mm　1/16　**印张** 11.75　**字数** 250 千字
版次印次	2024 年 12 月第 1 版　　2024 年 12 月第 1 次印刷
书　　号	ISBN 978 - 7 - 5693 - 3951 - 2
定　　价	56.00 元

如发现印装质量问题，请与本社市场营销中心联系。

订购热线：(029)82665248　(029)82667874
投稿热线：(029)82668804　(029)826685021

编　委　会

纵观我国职业教育百余年的发展历程，其经历了发展中等职业教育、中等职业教育与高等职业教育并存发展、构建现代职业教育体系三个历史进程。真正的教育并不是一蹴而就的，也不是一朝一夕的，而是一体化、系统化、终身化的。中等职业教育和高等职业教育是职业教育中的两个不同阶段、不同层次的教育形式，有不同的功能及特色，它们既相互独立又相互联系。中高等职业教育一体化是构建现代职业教育体系和实现终身教育的重要保障。推进中高职一体化人才培养，有利于加强中高职衔接，提升职业教育的竞争力和吸引力；有利于高素质、高技能人才的培养，使其更好地适应经济社会发展的需要；有利于职业学校学生多样化成长，满足人民群众的教育需求。

基于此背景，杭州职业技术学院汽车检测与维修技术专业与衔接中职学校开展了中高职一体化的全面研究，聚焦中高职一体化的关键问题，在全国知名职教专家的引领下，构建了从"汽车护士"向"汽车医生"发展的中高职一体化课程体系。本书以《职业教育提质培优行动计划（2020—2023年）》等国家政策文件为纲领，以落实立德树人的根本任务为宗旨，对接汽车检测与维修技术专业中高职教育一体化人才培养有关专业教学标准要求，遵循职业成长规律和学生认知规律，把握"汽车医生"培养的特点，将"岗、课、赛、证"融为一体，按照项目引导、任务驱动的教学方法编写。

"汽车检测与故障诊断"是汽车检测与维修技术专业培养汽车后市场高级维修技能人才的专业核心课程。通过学习本课程，学生可以掌握汽车电路系统原理，熟悉故障诊断排除的方法与流程，具备团队沟通的协作能力、社会能力及职业素养。由于该课程实践性非常强，因此编者以培养学生故障分析与维修的思维为目标，编写本教材，本教材具有以下鲜明特色：

（1）以辩证法为方法，以"大国工匠"为培养目标。以辩证法为方法，培养学生科学分析、解决故障的能力，引导学生在生活中应用辩证法。弘扬工匠精神，以具体相关实践案例，引导学生形成一丝不苟、精益求精的工匠精神。在国家汽车产业大发展背景下，追求"大国工匠"精神，将个人前途与国家命运紧密相连，汇聚起实现中华民族伟大复兴中国梦的磅礴力量。

（2）传统与现代相融合，彰显文化自信。将传统中医的"望闻问切""辩证论治"与行动导向教学相结合作为实施载体，利用工作页的形式，指导任务的推进。在汽车故障诊断中，"望"是指观察现象；"闻"是指听汽车的声音；"问"是指询问车主故障现象、保养维修情况等；"切"是指通过简单仪器的检测，对数据进行初步收集。通过"望闻问切"完成对故障现象的总结，称为"诊"的阶段。"辩证论治"是指分析故障并确定解决方法的过程，包括"断"和"治"两个阶段。"断"是分析、确定故障的原因的阶段，"治"是根据"断"确定的故障原因，采取对应的措施，实施解决的阶段。

（3）定位"汽车医生"，树立社会责任感。以专业"汽车医生"的定位为出发点，强调汽车维修岗位的社会责任感，汽车安全关乎千千万万生命安全，不经意的疏忽，不按规定流程的操作，都可能造成难以挽回的社会伤害。

（4）目标导向，图文并茂，符合认知规律。将微课、视频等多种资源与任务相结合，便于学生自学，并在微课中融合相关的思政元素，培养学生的职业素养。

（5）实施以纲为领，"岗、课、赛、证"融合。

紧扣汽车检测与维修技术专业中高职教育一体化人才培养有关专业教学标准的要求，对接核心岗位和职业群需求，精准反映产业转型升级对汽车维修诊断技术的新要求，并结合职业技能竞赛评价标准、"1＋X"证书标准和课程目标来综合设计教材内容，将汽车电路分析、电路检测、汽车故障诊断等知识分解到任务中，将学生的职业素质和职业道德培养落实在每个教学环节中，实现"岗、课、赛、证"融合的目标。

本教材基于迈腾B8L 2018款轿车电路系统进行故障描述，同时讲解了其他车型的电路情况，没有该设备的院校可以通过书中提供的电路示意图，并结合院校现有的实际设备进行分析操作。为方便教师教学和学生自学，本教材配备了教学微视频、电子课件、实训工单、练习题等。

本教材由杭州职业技术学院郑明锋，杭州交通职业高级中学祁长伟，杭州职业技术学院张羽林担任主编；杭州汽车高级技工学校吴娱雯，浙江申通时代汽车销售服务有限公司江海荣，宁波市鄞州职业高级中学孙航雨担任副主编；杭州智源恒创科技有限公司李浩天，浙江共安检测鉴定技术有限公司朱国军，杭州市中策职业学校金涛，杭州市交通职业高级中学何灵飞、夏江，浙江交通技师学院朱丹波，鑫瑞璟教育科技（杭州）有限公司钟原，杭州汽车高级技工学校费丽东、王晓凯、金展蕾、王雪晴、刘杨、许强、张敏敏、秦炳朋、章潇宇，杭州职业技术学院张鹏飞、刘冬梅、张余、李游参编，邱英杰为本书编写提供了大量宝贵意见与建议，在本书的编写过程中参考了大量同类教材和相关资料，在此一并表示感谢。

本教材可作为中、高职院校汽车专业群相关课程的教材，也适合用作汽车行业相关人员自学的资料，由于编者水平有限，编写内容仍有不足之处，望各位读者批评指正。

编者

2024年9月

本教材使用说明

目 录

项目 1

车身控制系统典型故障分析与维修

项目情境描述

一辆行驶了 36 万千米的大众迈腾 B8，出现了水淹事故，经检测，车辆出现了多处外部灯光不亮，车窗升降不工作的现象，维修经理要求小王对车辆进行检查，确定故障原因并进行排除。

项目简介

通过对大众迈腾 B8 车身控制系统故障进行分析与维修，学习车身控制系统故障的排查与诊断流程，车身控制系统包括灯光、车窗玻璃、电动座椅、后视镜、空调系统等，元器件繁多，控制原理接近，是汽车故障中常见的一种故障现象。通常车身控制系统的故障原因简单，但随着电气化程度日渐提高，故障类型也逐渐复杂，故障排除更加困难。工作人员需要全面认识了解车身控制系统，并有良好的分析能力，才能解决相关问题。工作人员应首先分析车身控制系统的故障原因，确定可能存在故障的主要系统内容，其次根据"故障维修思维图"确定故障检查维修的流程。

项目目标

1. 岗位能力目标

(1)能够对车身控制系统进行快速检查，对故障原因进行分析，判断故障范围。

(2)能够依据维修手册独立开展故障排除实施工作。

(3)熟悉 LIN 线系统控制原理，检测 LIN 线波形。

(4)能够与客户沟通，解释故障原因与维修流程，提供合理化建议。

2. 价值引领目标

(1)树工匠精神，做汽车"良医"。

(2)爱岗敬业，深耕专业技能。

(3)培养安全意识，遵守操作规程。

(4)具有强烈的法律意识，遵纪守法。

树工匠精神，
做汽车良医

如何利用中医的诊断方法
进行汽车故障诊断与排除

3. "1＋X"证书目标

(1)能够检查车身控制系统，进行相关系统的调整、复位等操作。

(2)能够识别车身控制系统的相关线路，进行线路的清理检测等。

(3)能够测试更换相关车身控制系统的元器件。

(4)能够用仪器仪表测试模块间的通信情况。

4. 课程目标

(1)掌握车身控制系统的组成与工作原理。

(2)熟悉 LIN 线系统控制原理，检测 LIN 线波形。

(3)能够按照制订的流程，团队协同进行故障排除工作。

(4)爱岗敬业，善于沟通，具备组织团队共同完成任务的能力。

5. 技能大赛目标

(1)能够分析 LIN 线系统中每条线路的作用。

(2)能够使用专用仪器进行相关电路波形、数据流的读取，进行故障的分析诊断。

(3)能够对不同车型的车身控制系统进行分析。

(4)能够在规定时间内，按操作流程完成任务，按照标准书写任务单。

课前案例思考

案例一

2019 年 7 月，杭州某高端汽车维修厂内，汽车维修工在维修某进口豪华汽车时，不小心打开了汽车大灯，由于汽车维修三件套将大灯完全覆盖，又正值炎炎夏日，造成大灯过热烧毁，更换大灯系统需要高达上万元的费用。本事故的根本原因是，维修工在操作时没有按照操作流程进行操作，在实施维修时，粗心大意。按照流程规范操作，及时检查车辆状态，是避免事故发生的根本途径。

案例二

小刘是一名汽车维修实习生，他在店里为一辆老旧的汽车做保养，师傅暗示小刘拔掉示宽灯系统的主保险丝，这样汽车就会出现示宽灯和仪表指示灯等不工作的故障现象，由于保养是在白天，客户发现问题也得在几个小时之后了，到时候维修店就能以车辆老旧、出现车身控制系统故障为由，要求更换仪表系统，从而牟取暴利。

在职业道德、社会法律面前，如果你是小刘应该怎么处理？在以后的工作中，应该如何约束自己的行为？

故障分析思维图

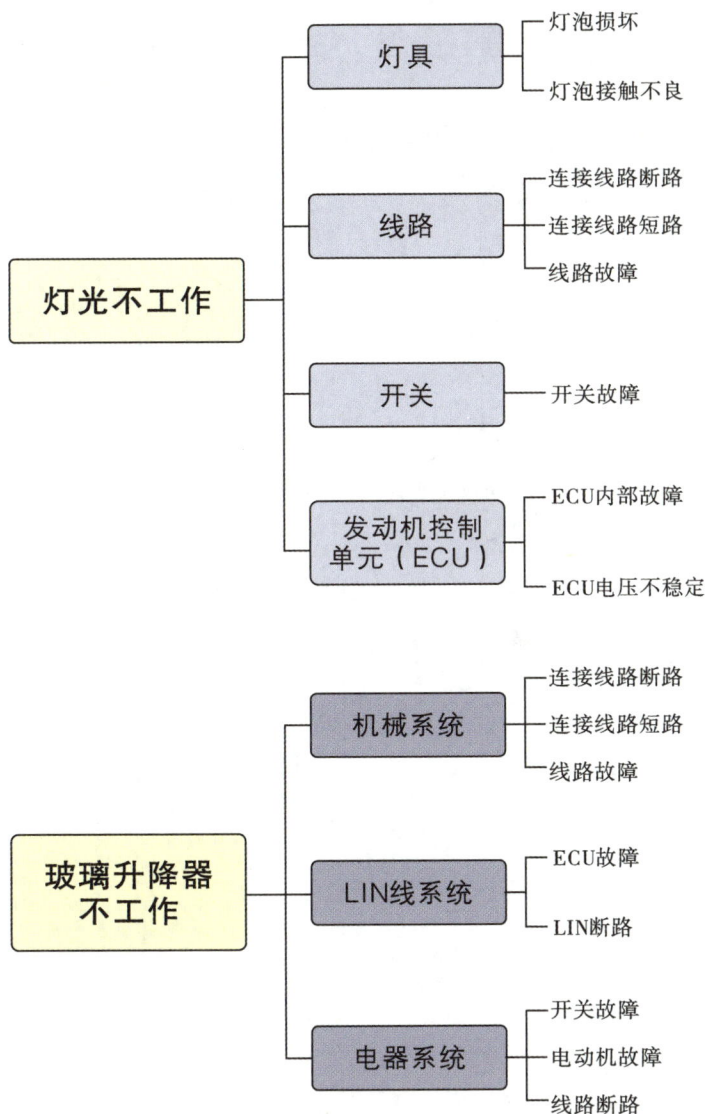

灯光不工作
- 灯具
  - 灯泡损坏
  - 灯泡接触不良
- 线路
  - 连接线路断路
  - 连接线路短路
  - 线路故障
- 开关
  - 开关故障
- 发动机控制单元（ECU）
  - ECU内部故障
  - ECU电压不稳定

玻璃升降器不工作
- 机械系统
  - 连接线路断路
  - 连接线路短路
  - 线路故障
- LIN线系统
  - ECU故障
  - LIN断路
- 电器系统
  - 开关故障
  - 电动机故障
  - 线路断路

故障维修思维图

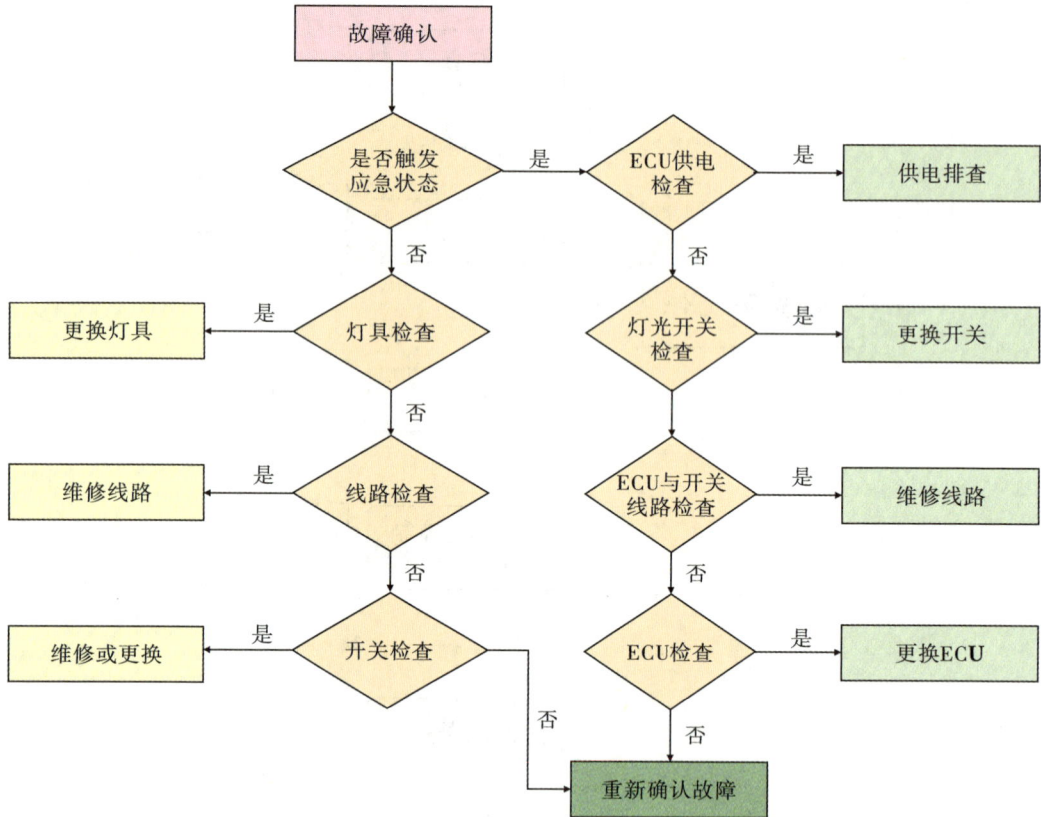

```
                          故障确认
                             │
                             ▼
         是 ────────────► ECU供电 ──── 是 ──► 供电排查
是否触发                      检查
应急状态
    │ 否                     │ 否
    ▼                        ▼
更换灯具 ◄── 是 ── 灯具检查   灯光开关 ── 是 ──► 更换开关
                             检查
         │ 否                │ 否
         ▼                   ▼
维修线路 ◄── 是 ── 线路检查   ECU与开关 ── 是 ──► 维修线路
                          线路检查
         │ 否                │ 否
         ▼                   ▼
维修或更换 ◄── 是 ── 开关检查  ECU检查 ── 是 ──► 更换ECU
                             │ 否
              │ 否           │
              └──────► 重新确认故障 ◄┘
```

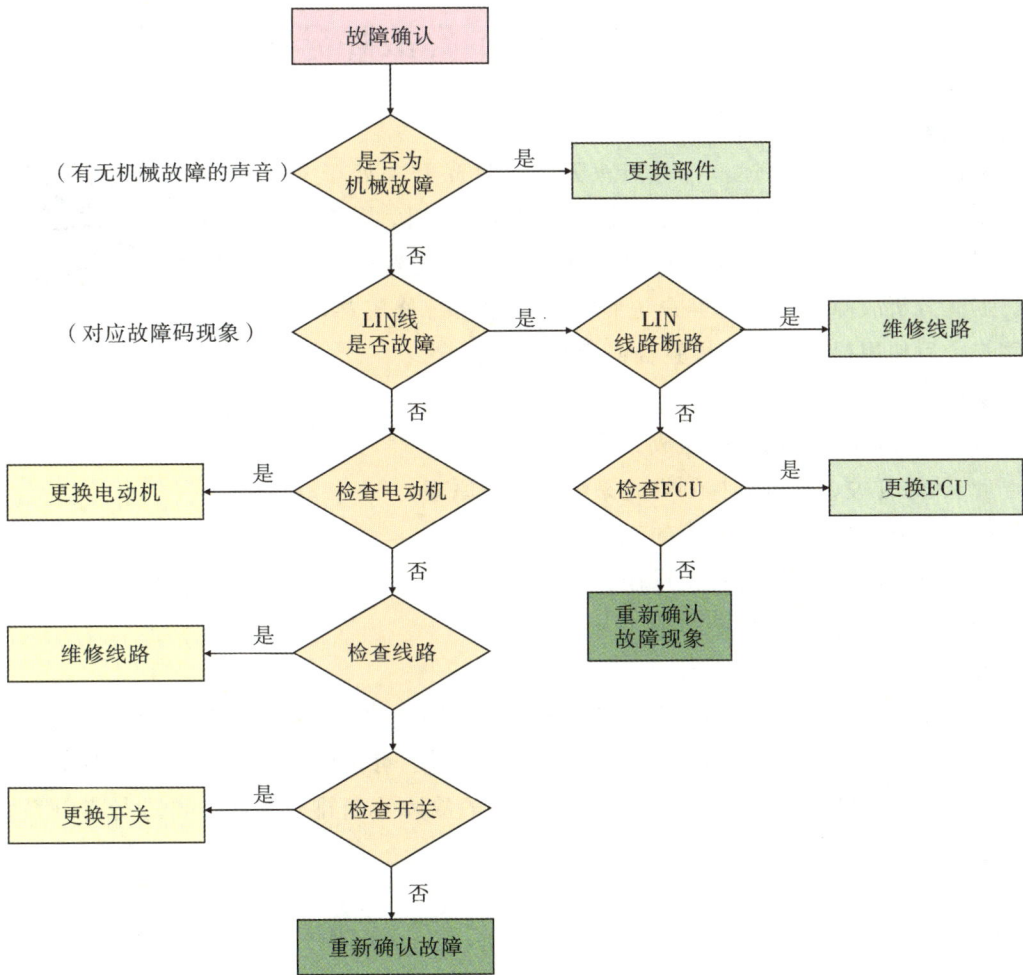

任务 1.1　汽车前照灯不亮故障分析与维修

▶**工作情境与任务**

　　根据本项目情境描述，打开点火开关。灯光开关处于 OFF 挡时，所有示宽灯和近光灯工作；灯光开关处于其他挡位时，所有示宽灯和近光灯仍工作，右前雾灯不工作；操作变光开关，远光灯可以正常开和关。据此分析故障原因，与客户进行沟通，参考维修资料，排除故障，为客户今后使用提供建议，检验合格后交付车辆。

故障现象

▶**任务目标**

　　(1)熟悉灯光系统的结构组成。

　　(2)熟悉开关、继电器控制灯光系统的工作原理。

　　(3)熟悉模块控制灯光系统的工作原理。

　　(4)掌握灯具的检测与更换操作。

　　(5)熟悉波形信号的检测原理。

▶**任务分析**

　　根据故障现象和"故障分析思维"分析，在不同挡位"所有示宽灯和近光灯工作"，有可能是因为总线控制系统故障，"右前雾灯不工作"有可能是因为雾灯灯泡损坏。因此，根据"故障维修思维图"，先进行总线系统的故障诊断排查工作，再进行雾灯系统的排查工作。

1.1.1　必备知识与原理

一、主要知识点

　　(1)灯光系统的结构组成。

　　(2)开关、继电器控制灯光系统的组成与工作原理。

　　(3)模块控制灯光系统的组成与工作原理。

　　(4)灯具的更换方法。

　　(5)波形信号的检测方法。

二、灯光系统的结构组成

1. 汽车灯光系统

　　汽车灯光系统是汽车的重要组成部分，为车辆行驶提供照明，保证安全，现阶段的灯光系统和车辆整体造型融为一体，更加实用与美观。图 1-1-1 为汽车主要的外部灯光系统示意图，该系统通常包括以下几个主要组成部分。

1）大灯（前照灯）

远光灯：用于在夜间或低能见度条件下提供强烈的前照明，以便驾驶员能够远距离识别道路和障碍物。近光灯：提供比远光灯低的亮度，用于城市驾驶，在与其他车辆同方向近距离行驶时，其可以减少对其他驾驶员视线的影响。日间行车灯：在白天或日间行驶时提供前照明，以降低事故风险。

2）雾灯

用于在雾、雨、雪等低能见度条件下提供额外的前照明，减少光线被反射或散射的影响。

3）车身信号灯

制动灯：在制动踏板被踩下时点亮，通知后面的驾驶员车辆减速或停车。倒车灯：在倒车时提供照明，帮助驾驶员识别后方障碍物。转向灯：用于指示车辆打算改变行驶方向的灯光，通常位于前部和后部。

4）内部照明

用于照亮车辆内部，包括座舱、仪表盘等。

5）车牌灯

用于照明车辆的车牌，以确保车牌在夜间和低光条件下可读。

6）后备箱/行李箱灯

用于照亮车辆的后备箱或行李箱区域，方便装卸物品。

7）室内灯

用于照亮驾驶员和乘客的车内空间，包括车顶灯、地板灯和门灯等。

这些组成部分共同工作，确保为汽车在不同驾驶条件下提供适当的照明和信号，以提高驾驶安全性和可视性。汽车灯光系统的设计和功能可能会因车型、品牌和市场法规而有所不同。

（a）

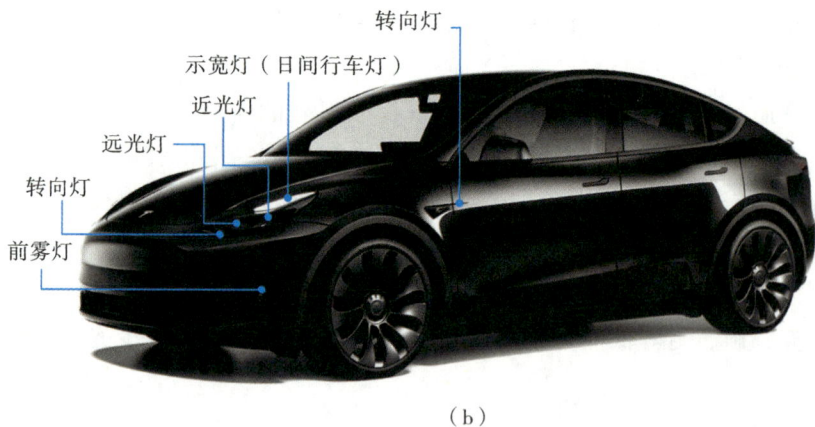

（b）

图 1-1-1　汽车主要的外部灯光系统示意图

2. 汽车大灯的结构组成

汽车大灯的结构组成如图 1-1-2 所示，大灯主要由灯罩、灯泡、灯座、反光碗、透镜、后盖、灯光调节装置等组成。灯罩对整个大灯总成起到保护作用，不仅如此，灯罩的玻璃部分均匀地布有一些条纹，这些条纹可以将灯泡发出的光合理地分配出去，使得照射面积更大。灯泡包含了近光灯、远光灯等灯型。灯座是用来安装灯泡的，因为不同类型的灯座对于厂家来说就意味着不同系列的产品。反光碗的作用是将灯泡发出的光反射出去，以便于照明。透镜利用其物理特性达到聚光的目的。后盖的作用是对整个大灯总成进行装饰。灯光调节装置的作用是调整照射角度，以便于照明。

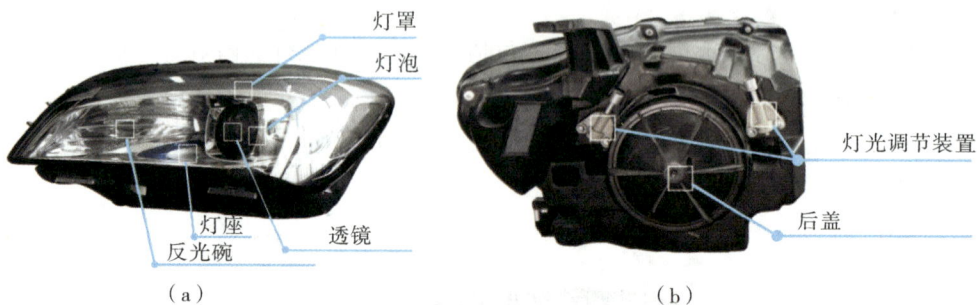

（a）　　　　　　　　　　　　　　　　（b）

图 1-1-2　汽车大灯的结构组成

3. 汽车 LED 灯的结构组成

汽车 LED 灯的结构组成如图 1-1-3 所示。LED 灯珠是由 P 型半导体和 N 型半导体组成的晶片，P 型半导体和 N 型半导体之间有一个过渡层，称为 PN 结。其发光本质是在 PN 结中，注入的少数载流子与多数载流子复合时会把多余的能量以光的形式释放出来，从而把电能直接转换为光能。

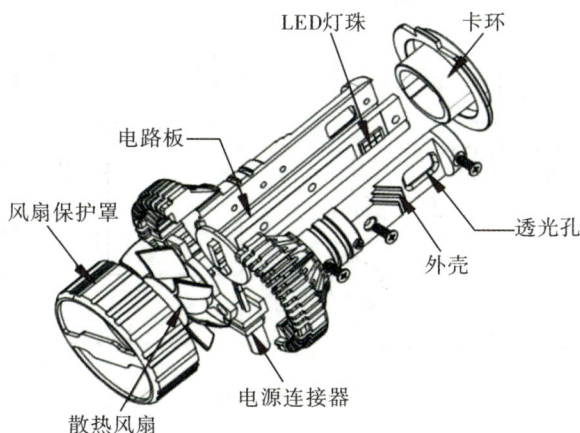

图 1-1-3　汽车 LED 灯的结构组成

三、开关、继电器控制灯光系统的组成与工作原理

1. 开关控制的灯光系统

开关控制的灯光系统原理最为简单，如图 1-1-4 所示，这类型的灯光系统由开关直接控制线路的结合，实现灯光的点亮，功率一般相对较小。

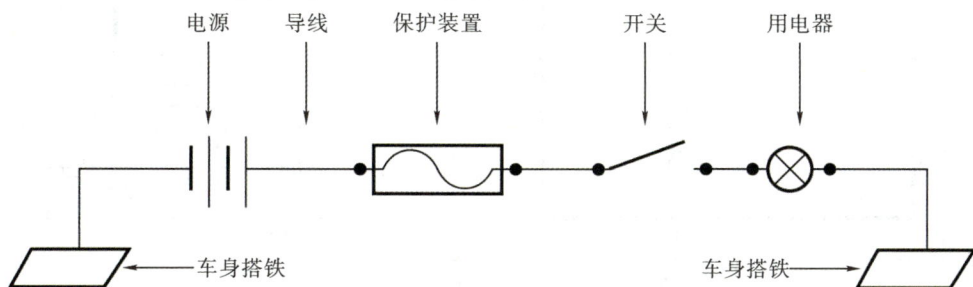

图 1-1-4　开关控制灯光的示意图

2. 继电器控制的灯光系统

继电器控制的灯光系统，分为两种类型：控制继电器线圈的搭铁与控制继电器线圈的电源。

控制继电器线圈的搭铁：继电器由电源供电，当开关闭合后，电流从蓄电池的正极流经继电器 1 号端子、线圈与 2 号端子，经过开关搭铁，形成一个闭合回路，继电器吸合，灯泡点亮，如图 1-1-5(a)所示。

控制继电器线圈的电源：继电器由电源供电，当开关闭合后，电流从蓄电池的正极流经开关、继电器 1 号端子、线圈、2 号端子、搭铁，形成一个闭合回路，继电器吸合，灯泡点亮，如图 1－1－5（b)所示。

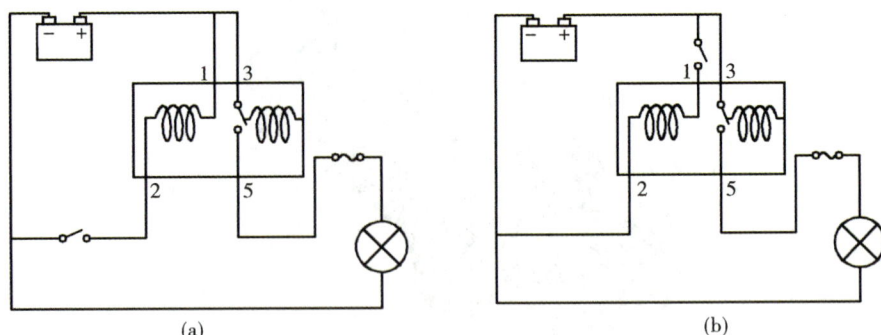

图 1－1－5　继电器控制的灯光系统

图 1－1－6 为丰田卡罗拉开关继电器控制灯光电路图，其采用控制继电器线圈搭铁的控制方法，电流从电源 BAT 流出，经过保险丝 H－LP，到达近光灯继电器 H－LP Relay 和远光灯继电器 DIMMER Relay，灯光开关 E60 控制两个继电器线圈的接地到 E1 接地点。

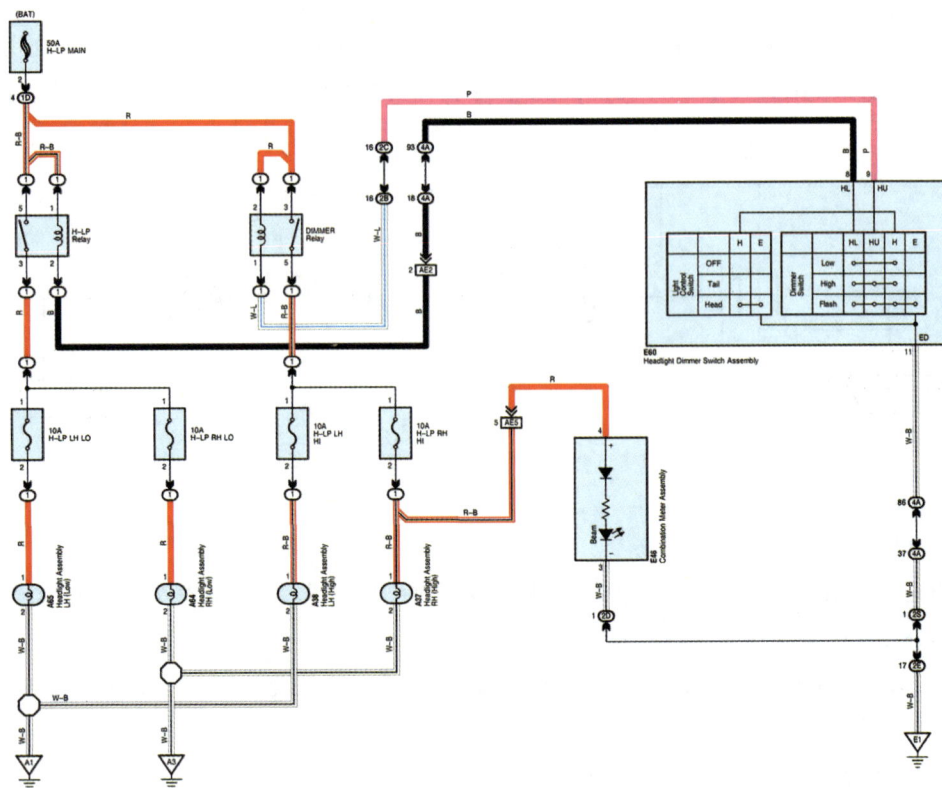

图 1－1－6　卡罗拉开关继电器控制灯光电路图

四、模块控制灯光系统的组成与工作原理

模块控制灯光系统，通常通过模块控制灯光或者继电器进行工作，以控制继电器为例，如图1-1-7所示，继电器是否工作取决于模块是否控制继电器线圈搭铁。控制模块往往根据相关的输入请求信号或网络其他模块的请求信号决定是否控制继电器线圈搭铁。通过该模式，模块接收到的信息更加广泛，可以实现多种智能化的控制方法，如大灯延迟、夜间灯光自动点亮等。

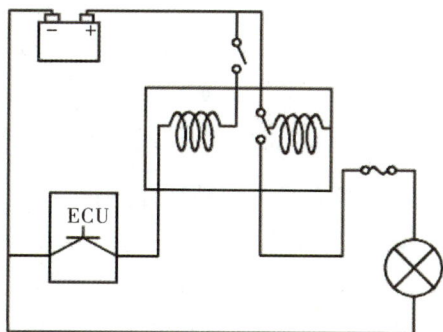

图1-1-7 ECU模块控制继电器工作原理示意图

如图1-1-8所示，模块控制近光和远光继电器线圈的搭铁，部分车型灯光开关信号的类型略有不同。部分车型的大灯开关与变光开关都在搭铁侧；而另外一部分的大灯开关在电源侧，变光开关在搭铁侧。以大灯开关与变光开关都在搭铁侧的车型为例，灯光开关闭合，给BCM(车身控制模板，body control unit)一个12 V高电位的信号，BCM控制近光继电器线圈搭铁，近光继电器吸合，近光灯点亮。

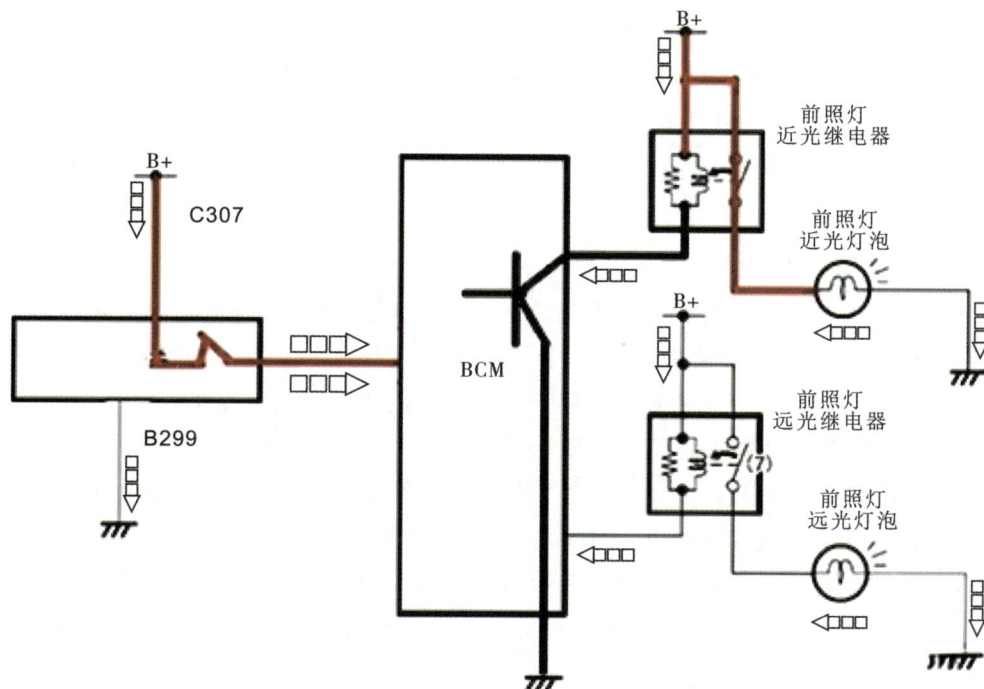

图1-1-8 ECU模块控制灯光工作示意图

五、迈腾 B8 灯光系统工作原理

图 1-1-9 是迈腾 B8 灯光系统工作原理示意图，迈腾灯光系统采用模块控制灯光系统的方案，大部分采用的都是 LED 灯，车灯开关由 4 针插头与一个开关组成，其挡位有关闭挡位、灯光自动挡位、小灯挡位及灯光近光挡位四个旋转挡位，另外有两个前雾灯、后雾灯按钮式挡位，共有六个挡位，其工作原理主要有以下几方面。

1. 车灯变光开关点动的控制逻辑

任何时候变光开关向上拉动，开关内部接通超车灯控制触点，把接触点的模拟信号传递到转向柱控制单元 J527。控制单元 J527 将这一个模拟信号转换为数字信号，通过舒适 CAN 总线将数据传递给控制单元 J519 和组合仪表控制单元 J285。控制单元 J519 接收到信号以后，给左前、右前远光灯提供 12 V 的电压，远光灯点亮；松开变光开关，信号被切断，远光灯熄灭。J285 接收到信号以后，仪表板上远光灯指示灯亮。同时，数据总线诊断接口 J533 也接收到此信号，若信号出现故障，则 J533 储存此故障信息以便维修。

2. 灯光旋转开关和变光开关共同打开远光灯的控制逻辑

灯光旋转开关旋至近光灯位置，旋转开关通过 LIN 线把数据信号传递给 J519。同时变光开关向下按动，开关内部接通超车灯控制触点，把接触点的模拟信号传递到 J527。J527 将这一模拟信号转换为数字信号，通过舒适 CAN 总线将数据传递给 J519 和 J285。J519 接收到 LIN 线和 J527 信号以后，给左前、右前远光灯提供 12 V 的电压，远光灯点亮。控制单元 J285 接收到信号以后，仪表上远光灯指示灯亮。同时，数据总线诊断接口 J533 也接收到此信号，若信号出现故障，则 J533 储存此故障信息以便维修。

3. 应急情况控制逻辑

迈腾的左前与右前的灯光都配有灯光模块，当灯光开关出现故障之后，车身模块会通过 LIN 线进行一个相应的监控，当已经确认出现故障之后，会直接点亮前车的小灯与近光灯，达到一个应急的效果，避免驾驶员在夜间无法正常行驶。

迈腾 B8 灯光控制原理示意图如图 1-1-9 所示。使用灯光开关的开关监测线进行灯光的闭环控制，控制单元 J519 通过 T73a/29 端子上的电压波形来判断 E1 旋转开关所处的状态。但当开关监测线出现故障之后，J519 控制单元监测到此信号线路故障，会向仪表发送故障信息指令，车辆仪表会显示"故障：车辆照明"，车灯开关 E1 由关闭旋转到灯光自动挡位，近光灯延迟 3 秒开启，如果从小灯挡位旋转到灯光自动挡位，近光开启不会延时。前后的雾灯无法打开。

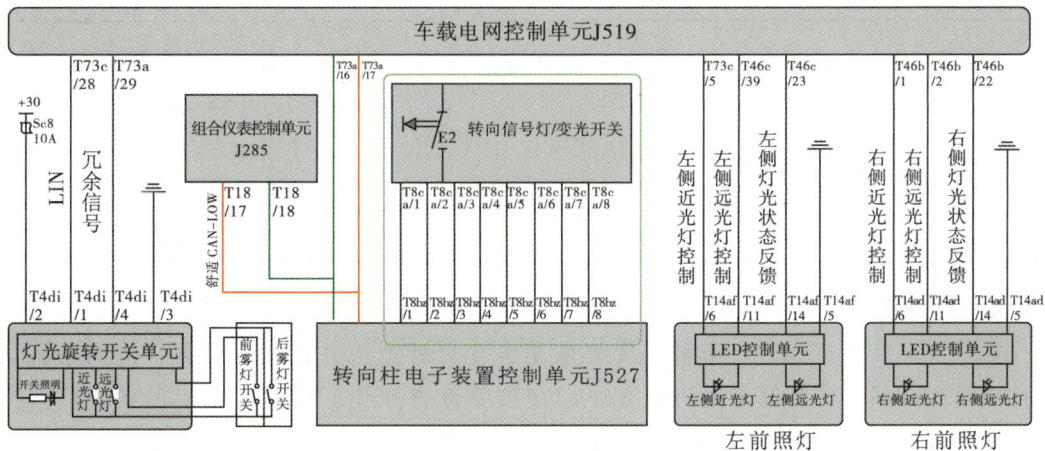

图 1-1-9　迈腾 B8 灯光控制原理示意图

六、灯泡的更换方法

1. 汽车灯泡的类型

汽车灯泡的型号非常多，主要的区别是灯泡底座、接口和外形尺寸不同，常见的型号有 H1、H3、H4、H7、9004、9005、D2S、D2C 等。目前常见的车型中，H1、H3 大多数用于雾灯，也可以用于前照灯；H4 则经常出现在韩系车和日系车上，远、近光在同一个灯泡里；H7 多用于欧洲车的远、近光灯，发光效率比较出色。表 1-1-1 为目前汽车上常用的灯泡种类。

表 1-1-1　汽车常用灯泡种类

型号	规格	示意图
H1	单丝单脚，多用于远光	
H4	双丝三脚灯泡，远近光都在一个灯泡，标准的为近光 55 W，远光 60 W；或者近光 90 W，远光 100 W	

续表

型号	规格	示意图
H7	单丝双脚，多用于近光	

2. 灯泡的更换方法

更换汽车大灯灯泡时，车辆需要提前至少 5 分钟熄火并拔掉车钥匙，待发动机和大灯完全冷却后，再打开发动机舱盖，以免被零部件烫伤。打开发动机舱盖之后，打开大灯总成后面的防尘罩，防尘罩大多采用橡胶制作，顺着螺口方向直接拧下来即可（有些车型可以直接抠下来），之后就能看到大灯总成里的灯泡底座，捏住底座旁边的钢丝卡簧，待卡子松开之后就可取出灯泡，如图 1-1-10 所示。

（a） （b）

图 1-1-10 灯泡拆卸示意图

将灯泡的电源插头接口拔开，拔出灯泡电源插头接口的时候，力度要适中，避免将插头接口接线弄断，或损坏灯泡插头，有些车型可能需要用到工具。

拔开大灯电源插头接口后，将灯泡背后的防水盖拿开，车灯防水盖的材质多为软胶，也有车型采用的是软塑料材质，轻轻用力旋转取下防水盖，用手指捏住两边的钢丝卡簧，待卡扣松开后，再往外抽出灯泡，将灯泡从电源接口处拔下来，注意力度适中，以免损坏接口。

七、波形信号的检测方法

LIN 线一般用于照明、车门控制系统等对网速要求不高的情况下，针对特殊的故障现象，要分析是否是 LIN 线出现了故障，通常通过 LIN 线波形的分析，确定 LIN 线故障，具体方法如下：

（1）长按示波器的电源开关，直至示波器开机。将测试线连接到示波器接头上，确保连接稳固。

（2）用黑色测试线夹上一个牢固稳定的车身搭铁，使用红色测试线上的探针背刺需要测量的灯光 LIN 线。

（3）打开点火开关至 ON 挡，在示波器点击"AUTO"键，会自动根据波形大小选择合适的幅值。之后就可以看到波形的数据，按下"HOLD"键来锁定波形，方便观察并记录。

图 1-1-11 是正常 LIN 线波形和故障 LIN 线波形的对比图。

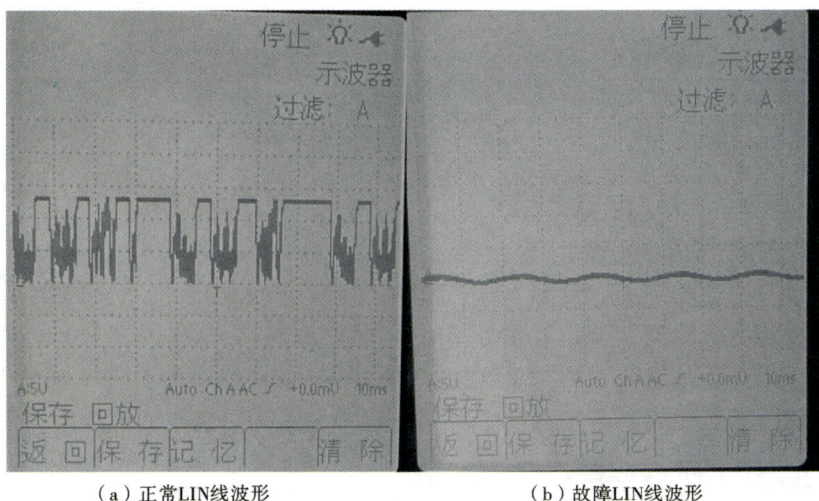

（a）正常LIN线波形　　　　　　　（b）故障LIN线波形

图 1-1-11　灯光系统 LIN 线波形图

1.1.2　任务案例车辆分析与故障维修

一、故障现象查看总结

1. 望

_____

_____

_____

汽车前照灯不亮
故障分析与维修

2. 闻

_____

_____

_____

3. 问

_____

_____

_____

4. 切

_____

_____

_____

二、故障本质原因分析(诊)

根据知识与原理的学习，分析在不同挡位示宽灯和近光灯的工作情况，得出很有可能是控制模块部分出现故障，触发了系统的保护机制，可进一步通过解码器读取故障码进行验证，再通过读取 LIN 线信号线波形进行分析；"右前雾灯不工作"有可能是雾灯灯泡损坏或雾灯线路断路引起的，可通过逐步检测分析确定故障原因。

三、迈腾 B8 灯光线路分析

结合电路图对故障现象进行分析，根据大众迈腾维修手册画出相关电路图，图 1-1-12 为大众迈腾汽车灯光电路图。

1. 迈腾 B8 雾灯工作电路

(1)灯光旋转开关 EX1 由蓄电池正极直接供电到达 SC8 保险丝，在到达 EX1/(T4di/2)后，经过灯光旋转开关 EX1 与 EX1/(T4di/3)号脚进行搭铁构成回路，灯光旋转开关工作。开启雾灯时，LIN 线信号通过 EX1/(T4di/1)号脚到达 J519/(T73c/28)，并控制 J519 向右侧前雾灯供电。

(2)迈腾 B8 右后雾灯由 J519 车载电网单元直接供 12 V 电压，由 J519/(T73a/72)提供电流到达 THRL/T4ap 插接器的 3 号脚，到达右后侧尾灯总成 MX5/(T8o/6)号脚，到达总成内部 L46 右后雾灯，再由 MX5/(T8o/3)搭铁，构成串联回路使迈腾 B8 右后雾灯点亮。

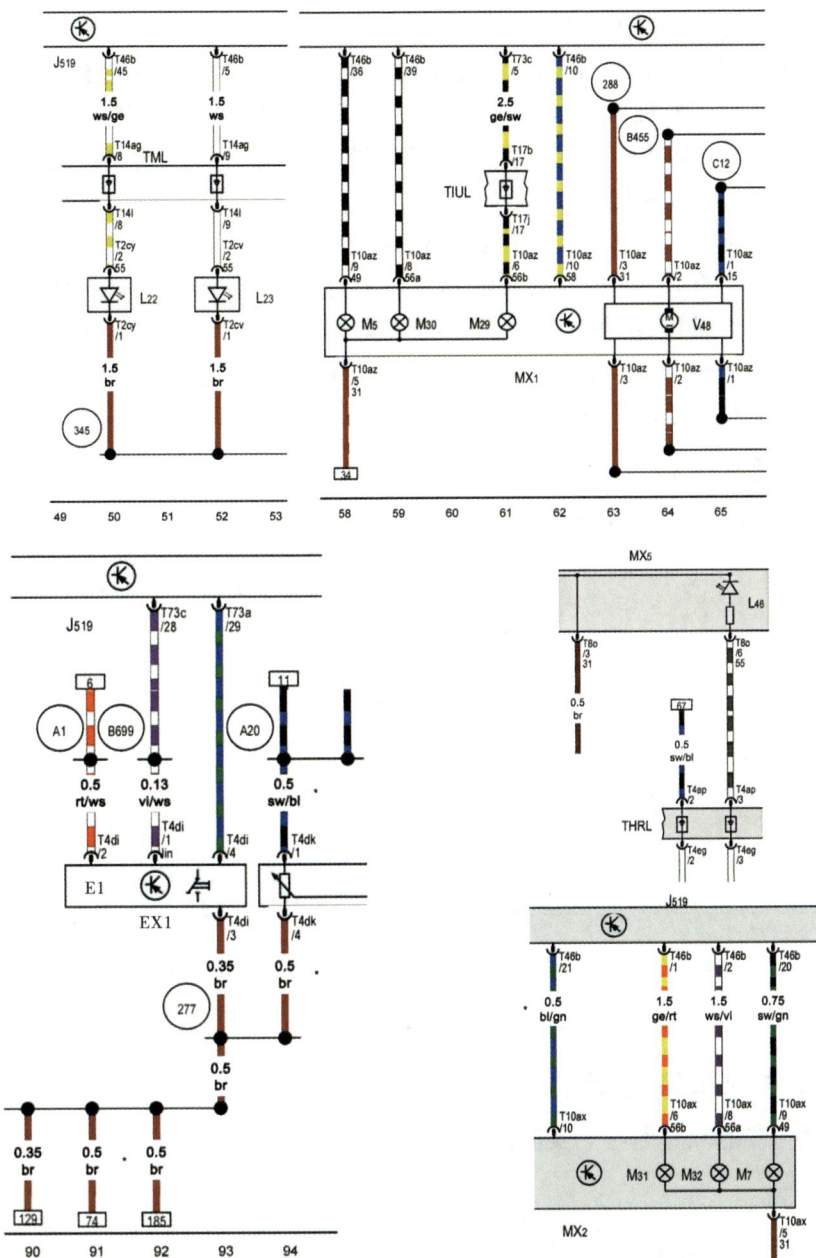

J519—车载电网控制单元；TML—发动机舱内左侧链接位置；L22—左侧前雾灯灯泡；L23—右侧前雾灯灯泡；TIUL—车内的左侧链接位置；MX1—左前大灯；M5—左前转向信号灯灯泡；M30—左侧远光灯灯泡；M29—左侧近光灯灯泡；V48—左侧大灯照明距离调节伺服电动机；A—蓄电池；EX1—车灯旋转开关；E1—车灯开关。MX2—右前大灯；M7—右前转向信号灯灯泡；M31—右侧近光灯灯泡；M32—右侧远光灯灯泡。

图 1-1-12 迈腾 B8 灯光系统电路图

2. 迈腾 B8 近光灯工作电路

(1)灯光旋转开关 EX1 由蓄电池正极直接提供电到达 SC8 保险丝，在到达 EX1/(T4di/2)后，经过灯光旋转开关 EX1 与 EX1/(T4di/3)号脚进行搭铁构成回路，灯光旋转开关工作。开启近光灯时，LIN 线信号通过 EX1/(T4di/1)号脚到达 J519/(T73c/28)，并控制 J519 向近光灯供电。

(2)迈腾 B8 近光灯由 J519 车载电网单元直接提供 12 V 电压，由 J519/(T46b/1)提供电流到达 MX2/(T10ax/6)右前大灯总成，经过 M31 右前近光灯灯泡，再由 MX2/(T10ax/5)搭铁构成回路使右前近光灯点亮，同时由 J519/(T73c/5)提供电流到达 MX1/(T10az/6)左前前大灯总成，经过 M29 左前近光灯灯泡，再由 MX1/(T10az/5)搭铁构成回路使左前近光灯点亮。

四、故障本质原因确定(断)

1. 依据电路图，绘制故障分析树

2. 确定可能的故障点

(1)_____

(2)_____

(3)_____

(4)_____

五、实施解决故障问题(治)

1. 根据可能的故障点绘制实施流程图

2. 记录实施步骤

(1)_____

(2) _____

(3) _____

(4) _____

(5) _____

(6) _____

六、任务完成检查

1. 启动情况检查

是否能正常启动。　　　　是□　否□

2. 车辆恢复状况检查

拆装部件是否恢复原状。　是□　否□

3. 车辆整理清洁检查

是否整理清洁车辆。　　　是□　否□

4. 工具检查整理

工具清点是否完成。　　　是□　否□

5. 新故障检查

是否有新故障。　　　　　是□　否□

七、维修总结

1. 故障原因

_____

_____

_____

2. 维修方案

_____

_____

_____

3. 采取该维修方案的原因

_____

_____

4. 维修结果

_____

_____

_____

_____

_____

八、保养维护建议

_____

_____

_____

_____

_____

1.1.3　知识拓展

一、技能竞赛类车型大灯延迟熄灭控制原理分析

丰田大灯延迟熄灭电路示意图如图 1-1-13 所示。

1. 供电线路

蓄电池→25 A DOOR 车门保险丝→Main Body ECU(车身控制模块)ALTB 引脚;

蓄电池→10 A ECU-B 保险丝→Main Body ECU(车身控制模块)BECU 引脚;

当点火钥匙处于 ACC 挡位时→ 7.5 A ACC 保险丝→Main Body ECU(车身控制模块)ACC 引脚。

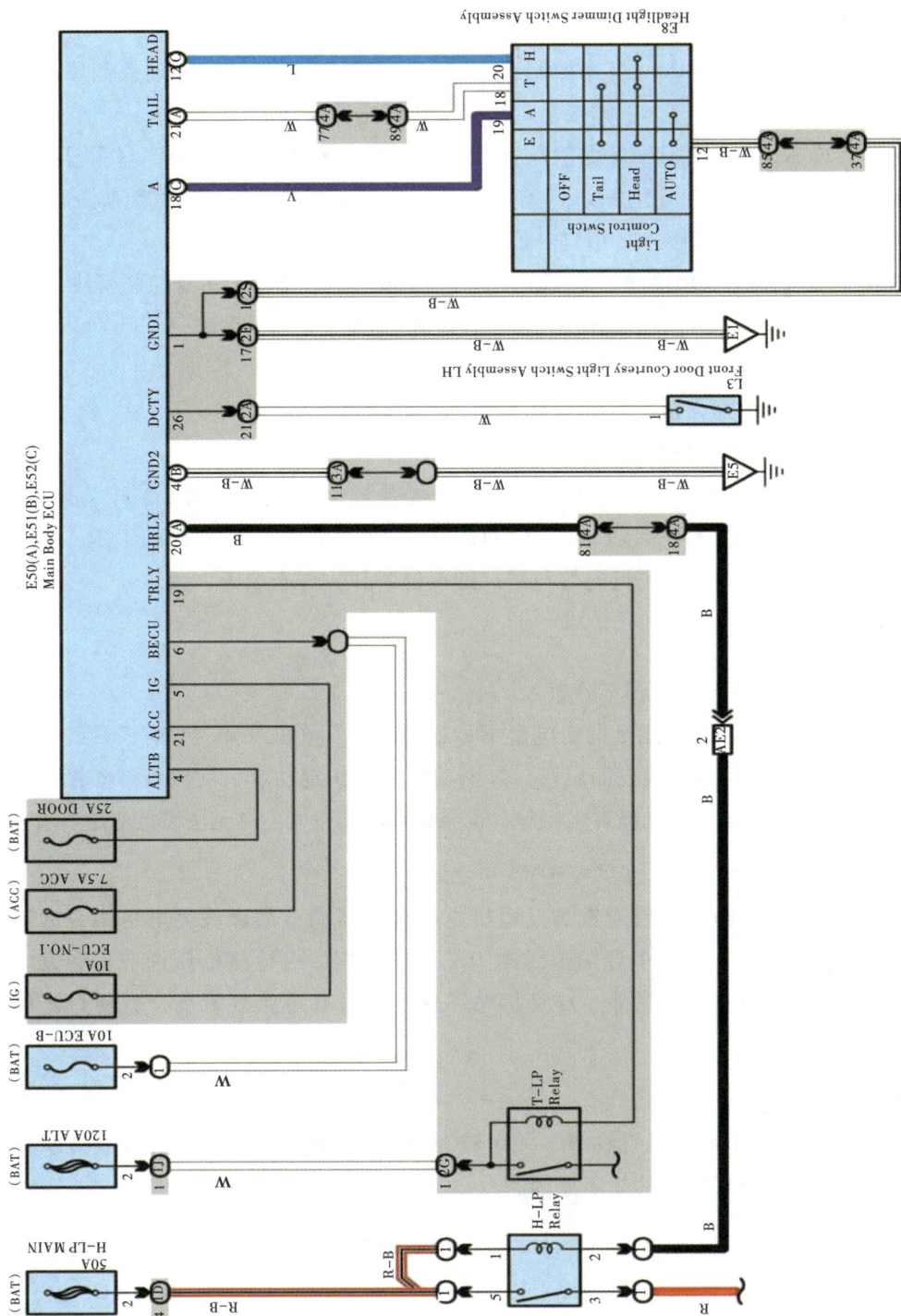

图1-1-13 丰田大灯延迟熄灭电路示意图

2. 控制线路与工作线路

(1)前照灯与尾灯的控制过程：

通过 Light Control Switch(灯光控制开关)12 引脚→E1 接地点，通过控制不同灯光开关位置将 18、19、20 三个引脚接地，从而实现灯光的控制。

蓄电池→50 A H－LP MAIN 保险丝→H－LP Relay→Main Body ECU(车身控制模块)HRLY 引脚→HEAD 引脚→Light Control Switch(灯光控制开关)20 引脚→Light Control Switch(灯光控制开关)12 引脚→E1 接地。

蓄电池→120 A ALT 保险丝→T－LP Relay→Main Body ECU(车身控制模块)TRLY 引脚→TAIL 引脚→Light Control Switch(灯光控制开关)18 引脚→Light Control Switch(灯光控制开关)12 引脚→E1 接地。

近光灯与尾灯继电器接通，灯光点亮。

(2)大灯自动熄灭工作过程：

当点火钥匙处于关闭或 ACC 挡位时，打开驾驶员侧车门，此时 L3 开关闭合，Main Body ECU(车身控制模块)TRLY 与 HRLY 引脚输出高电平，T－LP Relay 与 H－LP Relay 电磁线圈不工作，近光灯与尾灯继电器断开，灯光熄灭。

二、知识补充

1. 车灯灯光亮度低故障原因与分析

车灯灯光亮度低的原因可能是电池电量不足或故障、发电机故障。车灯系统线路接触不良引起附加电阻、灯泡玻璃表面脏污、灯泡功率低于额定功率、前照灯灯丝没有位于反射镜焦点上、反射镜或散光镜有尘垢等，也会导致灯光亮度不够无法满足使用要求。

2. 车灯灯丝频繁烧坏故障原因与分析

车灯灯丝反复被烧断的原因通常是发电机电压调节器调节故障或发电机本身故障使发电机输出电压过高，导致车灯端电压高于其额定电压。应检测电压调节器和发电机，进行必要的修理或更换。另外，灯具接触不良、线路有短路故障也会致使灯泡的频繁损坏。

三、课后案例探讨

一辆行驶了 10 万千米的迈腾汽车，关闭转向灯后，左前转向灯常亮，仪表显示灯光报警，根据电路图分析可能的故障原因。

四、思维拓展案例

一辆老款捷达，该车车辆出现了灯光系统混乱的情况，左前近光灯、远光灯昏暗，雾灯不工作等，针对该类型的故障问题，初步的故障分析结果是什么？

五、练习题

(1)汽车的大灯主要由_____、灯泡、灯座、_____、透镜、后盖、灯光调节装置等组成。灯罩对整个大灯总成起到保护作用，不仅如此，灯罩的玻璃部分均匀地布有一些条纹，这些条纹可以将灯泡发出的光合理地分配出去，使得照射面积更大。

(2)LED灯主要由LED灯珠、驱动电路、_____和透镜灯组成。LED灯珠是由P型半导体和N型半导体组成的晶片，P型半导体和N型半导体之间有一个过渡层，称为PN结。

(3)继电器控制的灯光系统，分为两种类型：控制继电器线圈的搭铁与_____的电源。

(4)任何时候变光开关向上拉动，开关内部接通超车灯控制触点，把接触点的模拟信号传递到转向柱_____。

(5)汽车灯泡型号非常多，主要的区别是灯泡底座、接口和外形尺寸的不同，常见的型号有H1、H3、H4、H7、9004、9005、_____、_____等。

(6)更换汽车大灯灯泡时，车辆需要提前至少_____分钟熄火，并拔掉车钥匙，待发动机和大灯完全冷却后，再打开发动机舱盖，以免被零部件烫伤。

(7)将灯泡的电源插头接口拔开，拔出灯泡电源插头接口的时候，力度要适中，避免将_____线弄断，或损坏灯泡插头，有些车型可能需要用到工具。

(8)若车灯灯光亮度低，原因可能是电池电量不足或故障、发电机故障。车灯系统线路接触不良引起附加电阻、灯泡玻璃表面脏污、灯泡功率低于_____、前照灯灯丝没有位于反射镜焦点上、反射镜或散光镜有尘垢，也会导致灯光亮度不够无法满足使用要求。

六、能力拓展

根据迈腾灯光系统的不同配置，尝试查询调研相关迈腾不同配置车辆的价格，为最近准备购车的车主做一份购车分析。

任务 1.2　汽车车窗升降失效故障分析与维修

▷**工作情境与任务**

　　任务 1.1 中的迈腾 B8 在完成了维修后，继续进行车身电器的检查，发现主驾无法控制左后车窗玻璃升降，但左后位置可以控制玻璃升降，用诊断仪读取故障码，确认各个系统控制器内无故障码。据此与客户进行沟通，参考维修资料，排除故障，为客户今后的使用提供建议，检验合格后交付车辆。

故障现象

▷**任务目标**

　　(1)熟悉玻璃升降系统的组成与工作原理。

　　(2)掌握 LIN 线系统的组成与工作原理。

　　(3)熟悉迈腾玻璃升降系统的组成与工作原理。

　　(4)掌握发动机燃油供给系统的检测与维修方法。

▷**任务分析**

　　根据故障现象和"故障分析思维图"分析，此时的"左后位置可以控制玻璃升降"表明升降电动机正常，"解码器显示系统正常"，表明 ECU、LIN 线系统无故障。因此，应先进行主驾开关控制线路的排查工作，再进行主驾开关的排查工作。

1.2.1　必备知识与原理

一、主要知识点

　　(1)电动玻璃升降系统的组成。

　　(2)迈腾舒适系统的组成与工作原理。

　　(3)迈腾玻璃升降器的工作原理。

二、电动玻璃升降系统的组成

　　电动车窗是指以电为动力使车窗玻璃自动升降的车窗。驾、乘人员操纵开关接通车窗电动机的电路，电动机产生动力通过一系列机械传动，使车窗玻璃按要求进行升降。车窗玻璃的开闭功能是通过车门玻璃升降系统实现的，该系统主要包括车门钣金、密封系统、升降器、玻璃、电动机、控制器及开关，如图 1-2-1 所示。

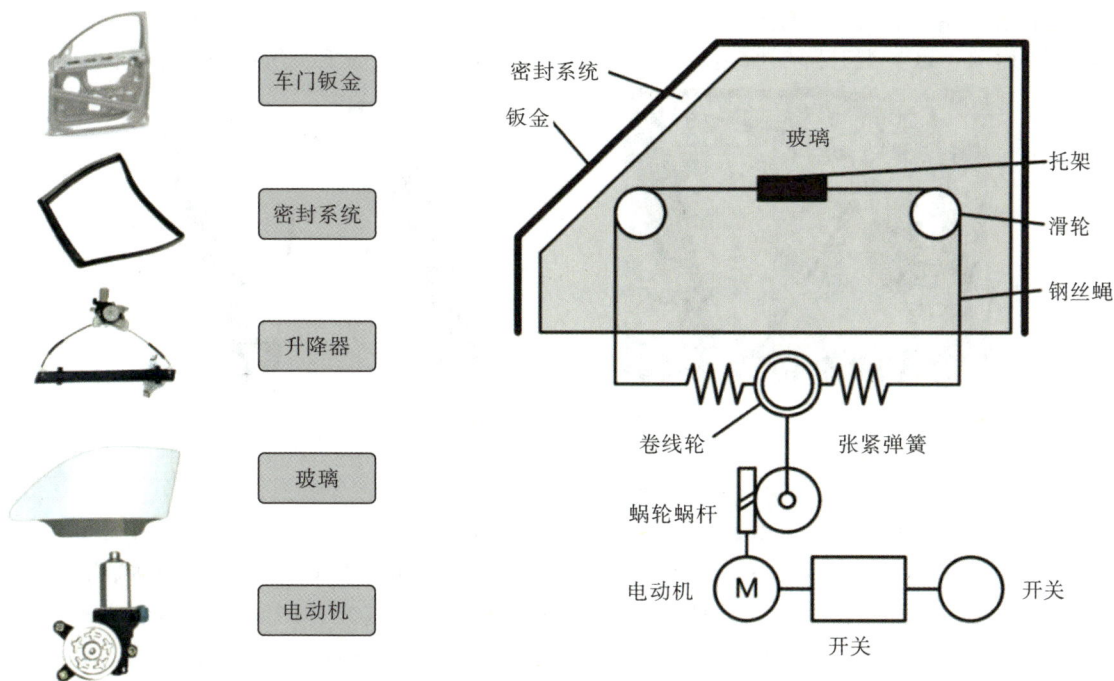

图1-2-1 玻璃升降系统组成示意图

如图1-2-2所示，将直流电动机、控制单元与减速器三者集合在一起，保证占据的空间较小，直流电动机为玻璃升降的动力源，具有体积小、重量轻、防护等级高、噪声低、电磁干扰小、运行可靠等特点，具有较好的耐久性、水密性等。减速器一般为蜗轮蜗杆形式的，减速比通常在1∶70左右，使用年限较长的车辆，蜗轮蜗杆发生磨损，导致玻璃升降困难是常见的故障现象。

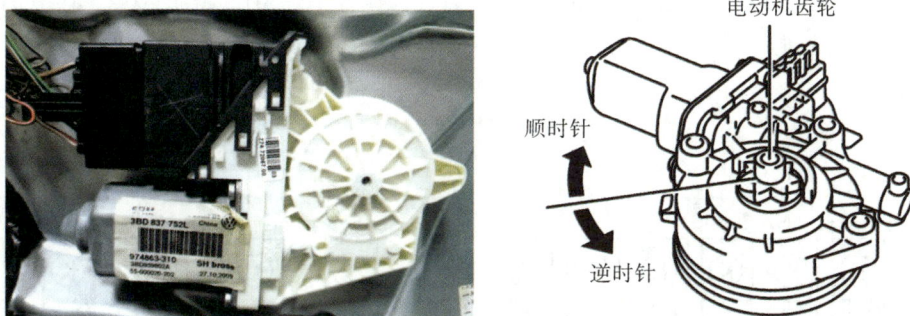

图1-2-2 集合在一起的直流电动机、控制单元与减速器结构

玻璃升降系统有臂式、柔式、绳轮式等形式，在小轿车中，绳轮式升降系统得到了广泛应用，图1-2-3为帕萨特玻璃升降系统，主要由小齿轮、扇形齿轮、钢丝绳、玻璃托架、滑轮、带轮、座板齿轮等组成，电动机通过减速器传递出动力拉动钢丝绳沿着钢丝绳导向板移动，钢丝绳拉动玻璃托架运动，继而带动门窗玻璃随着安装托架做升降运动，该类型升降器所用零件少、自身质量轻、便于加工、所占空间小。

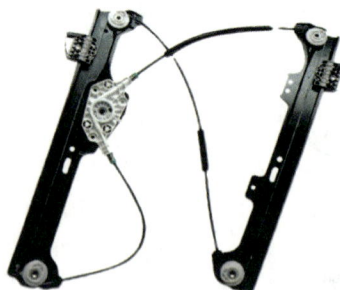

图 1-2-3 帕萨特玻璃升降器系统结构

三、迈腾舒适系统的组成与工作原理

迈腾 B8 舒适系统总线由舒适系统 CAN 总线和舒适系统 LIN 总线组成。从控制功能的角度来看，车身（舒适）系统的很多动作都存在某些相互关联性，只有对所有这些关联性做出非常周密的考虑，才能真正让乘员感到舒适和满意。LIN 的目标是为现有汽车网络（如 CAN 总线）提供辅助功能，因此，LIN 总线是一种辅助的串行通信总线网络，多用于不需要 CAN 总线的带宽和多功能的场合。迈腾 B8 舒适系统 LIN 总线结构如图 1-2-4 所示。

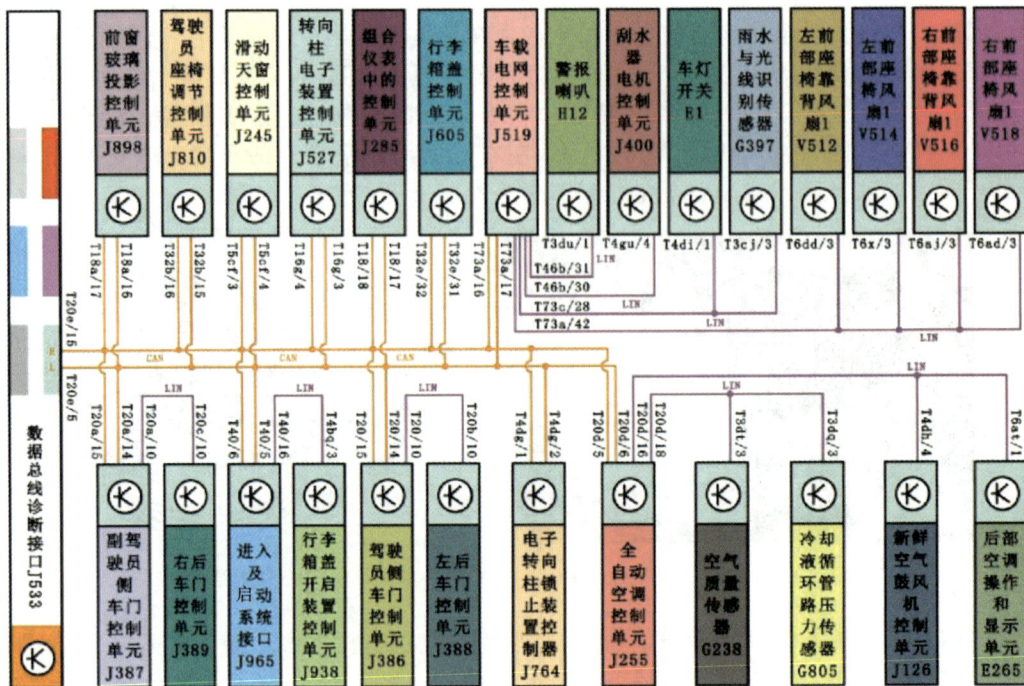

图 1-2-4 迈腾 B8 舒适系统 LIN 总线结构

迈腾 B8 车上各个 LIN 总线系统之间的数据交换由控制单元通过 CAN 数据总线实现。LIN 主控制单元连接在 CAN 数据总线上，它执行 LIN 的主功能。LIN 主控制单元作用如下：监控数据传递和数据传递的速率，发送信息标题；该控制单元的软件内已经设定了一个周期，这个周期用于决定何时将哪些信息发送到 LIN 数据总线上多少次；该控制单元在 LIN 数据总线系统的 LIN 控制单元与 CAN 总线之间起"翻译"作用，它是 LIN 总线系统中唯一与 CAN 数据总线相连的控制单元；通过 LIN 主控制单元进行与之相连的 LIN 从控制单元的自诊断。

对于主控制单元带有数据请求的信息，LIN 主控制单元会提供回应。根据识别码的情况，相应的 LIN 从控制单元会使用这些数据去执行各种功能。LIN 主控制单元的软件内已经设定了一个顺序，LIN 主控制单元就按这个顺序将信息标题发送至 LIN 总线（如是主信息，发送的是回应）。舒适系统 LIN 总线用于在主控制模块和提供支持功能的其他智能装置之间交换信息。此类配置对驱动系统 CAN 总线或舒适系统 CAN 总线的容量或速度没有要求，因此相对比较简单。要传输的数据符号（1 和 0）在通信总线上由不同的电压电平表示。

四、迈腾玻璃升降器的工作原理

操作玻璃升降器开关在不同的挡位（手动上升、自动上升、手动下降、自动下降）时，不同的分压电阻接入电路，作为基准的内部方波信号电压会发生改变，车门控制单元将此信号与内部预先存储的玻璃升降器动作数据的标准电压进行对比，若对比成功，将控制玻璃升降器执行相应的（手动上升、自动上升、手动下降、自动下降）动作，如图 1-2-5 所示。

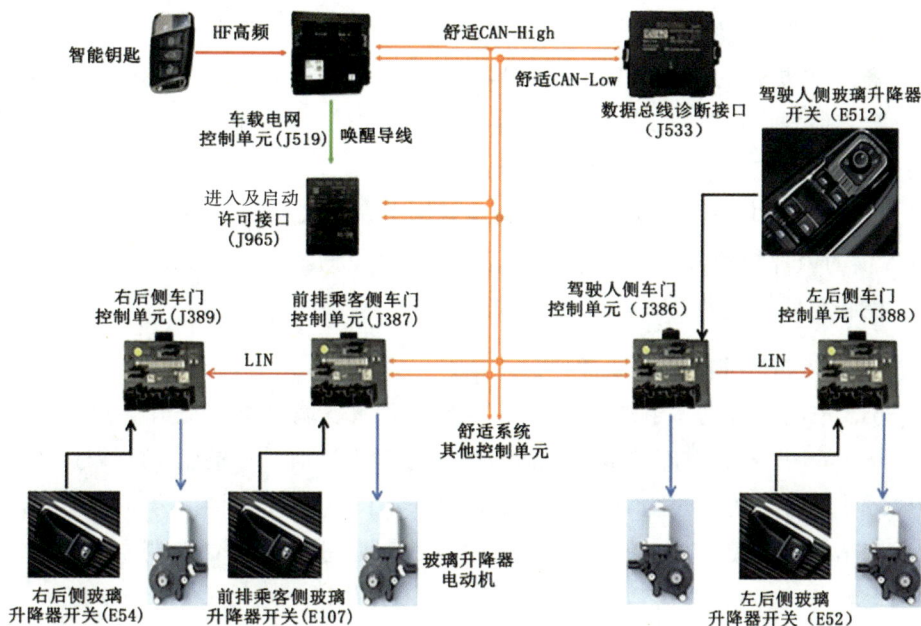

图 1-2-5 迈腾 B8 玻璃升降系统示意图

1. 驾驶人侧玻璃升降器控制原理

操作驾驶人侧玻璃升降器分开关(E710)，向上拉动开关至 1 挡(代表手动上升)、向上拉动开关至 2 挡(代表自动上升)、向下按动开关至 1 挡(代表手动下降)、向下按动开关至 2 挡(代表自动下降)，其他开关的操作方式均和 E710 相同，后面不再赘述。当 E710 在不同挡位时，接入电路的电阻不同，将驾驶人侧车门控制单元(J386)提供的内部馈给方波信号电压分压后的信号反馈给 J386，J386 将此信号转变成数字信号，并根据内部程序进行对比，控制驾驶人侧玻璃升降器电动机运转。

2. 前排乘客侧玻璃升降器控制原理

(1)驾驶人侧玻璃升降器开关(E512)控制前排乘客侧车窗玻璃升降。当驾驶人侧玻璃升降器分开关(E716)在不同挡位时，接入电路的电阻不同，将 J386 提供的内部馈给方波信号电压分压后的信号反馈给 J386，J386 将此信号转变成数字信号，再通过舒适 CAN 总线传送给前排乘员侧车门控制单元(J387)，J387 根据内部程序进行对比，控制前排乘客侧玻璃升降器电动机运转。

(2)前排乘客侧玻璃升降器开关(E107)控制前排乘客侧车窗玻璃升降。当 E107 在不同挡位时，将 J387 提供的内部馈给方波信号电压分压后的信号反馈给 J387，J387 根据内部程序进行对比，控制前排乘客侧玻璃升降器电动机运转。

3. 左后侧玻璃升降器控制原理

(1)E512 控制左后侧车窗玻璃升降。当驾驶员侧玻璃升降器分开关(E711)在不同挡位时，将 J386 提供的内部馈给方波信号电压分压后的信号反馈给 J386，J386 将此信号转变成数字信号，再通过 LIN 总线传送给左后侧车门控制单元(J388)，J388 根据内部程序进行对比，控制左后侧玻璃升降器电动机运转。

(2)左后侧玻璃升降器开关(E52)控制左后侧车窗玻璃升降。当 E52 在不同挡位时，将 J388 提供的内部馈给方波信号电压分压后的信号反馈给 J388，J388 根据内部程序进行对比，控制左后侧玻璃升降器电动机运转。

4. 右后侧玻璃升降器控制原理

(1)E512 控制右后侧车窗玻璃升降。当驾驶员侧玻璃升降器分开关(E713)在不同挡位时，将 J386 提供的内部馈给方波信号电压分压后的信号反馈给 J386，J386 将此信号转变成数字信号，再通过舒适 CAN 总线传送给 J387，J387 将信号通过 LIN 总线传递给右后侧车门控制单元(J389)，J389 根据内部程序进行对比，控制右后侧玻璃升降器电动机运转。

(2)右后侧玻璃升降器开关(E54)控制右后侧车窗玻璃升降。当 E54 在不同的挡位时，将 J389 提供的内部馈给方波信号电压分压后的信号反馈给 J389，J389 根据内部程序进行对比，控制右后侧玻璃升降器电动机运转。

5. 儿童安全锁功能控制原理

E512 上的儿童安全锁按钮（E318）初次按下时背景灯点亮，再次按下时背景灯熄灭。E318 将信号传递给 J386，J386 通过 LIN 总线将信号传递给 J388，同时 J386 通过舒适 CAN 总线将信号传递给 J387，J387 再通过 LIN 总线将信号传递给 J389。根据 E318 打开和闭合的状态，控制后排玻璃升降器电动机的锁止和解锁。

1.2.2　任务案例车辆分析与故障维修

汽车车窗升降失效
故障分析与维修

一、故障现象查看总结

1. 望

_____

_____

_____

2. 闻

_____

_____

_____

3. 问

_____

_____

_____

4. 切

_____

_____

_____

二、故障本质原因分析（诊）

根据知识与原理的学习，分析"主驾无法控制左后车窗玻璃升降，但左后位置可以控制玻璃升降"现象，得出很有可能是左后开关线路和控制单元故障，"没有故障码"提示电控系统中的 ECU 的故障概率较小，故障范围集中在线路和控制开关上。首先对控制开关进行分析排查，利用"开关控制原理"对控制开关进行检查，排查完成后，对连接线路进行分析排查，对 LIN 线系统进行分析与检测。

三、迈腾 B8 玻璃升降线路分析

如图 1-2-6 和 1-2-7 所示，J386 由蓄电池正极直接供电经过 SC25 到达 J386/(T20/19)，经过 J386 模块，通过 J386/(T32/5)号脚搭铁使 J386 工作。由 J386/(T32/32)供电给 E512/(T10l/5)主驾驶车窗控制开关，经过 E512 元件 E512/(T10l/10)搭铁构成回路。当摁下左后侧车窗升降键 E711 后，分压电阻接入 J386/(T32/32)到 T10l/8，T10l/10 形成回路，作为基准的内部方波信号电压会发生改变，车门控制单元将此信号与内部预先存储的玻璃升降器动作数据的标准电压进行对比。

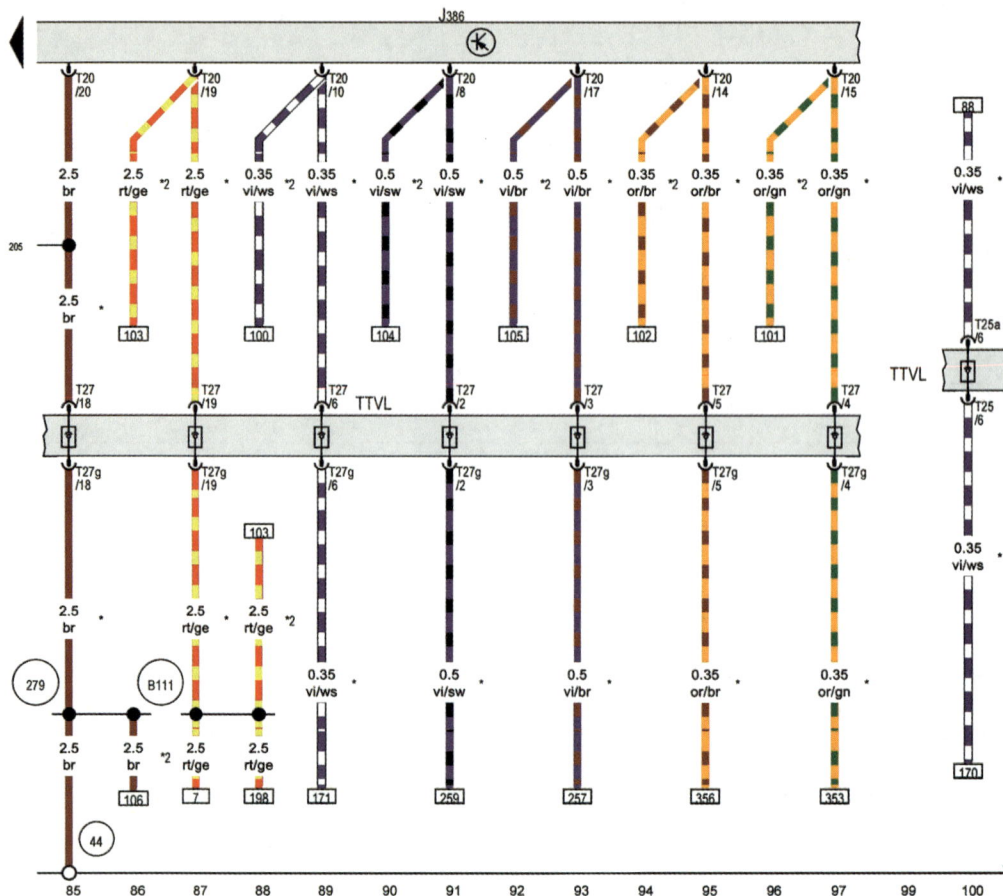

J386—左前车门控制单元；TTVL—左前车门链接位置。

图 1-2-6　迈腾左前与左后车门 LIN 线传输电路图

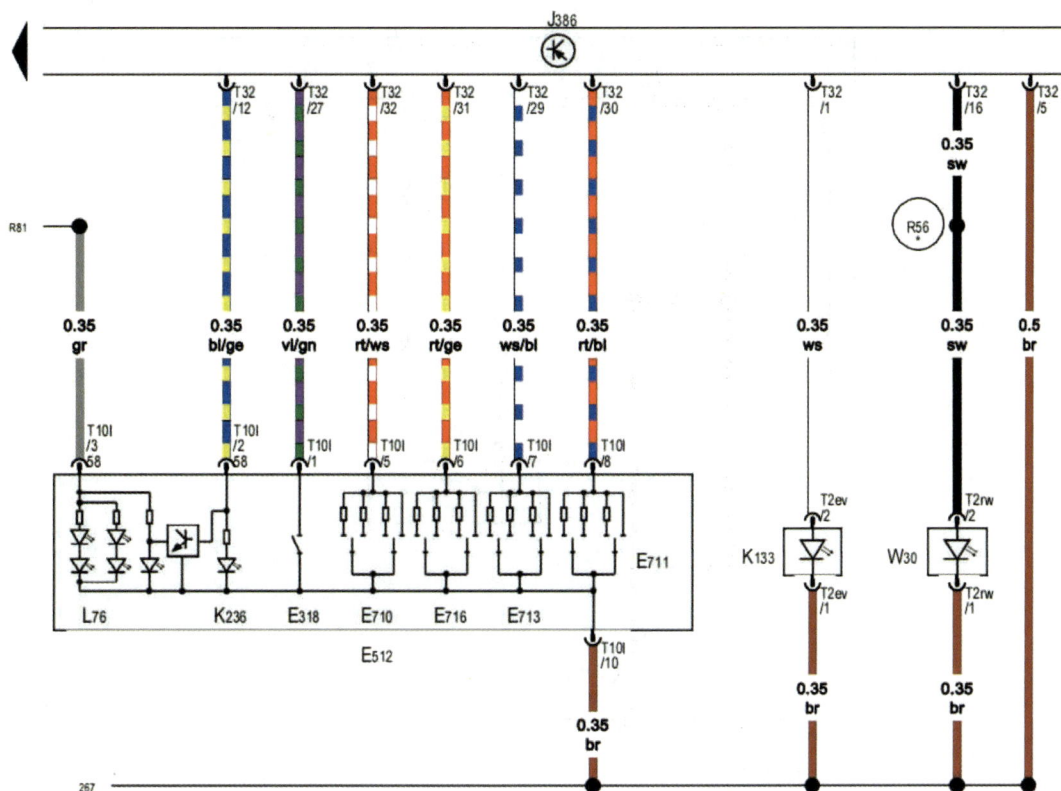

J386—左前车门控制单元；E512—左前车门中的车窗升降器操作单元；

L76—按钮照明灯泡；K236—儿童安全锁激活指示灯；E318—儿童安全锁按钮；

E710—左侧前部车窗升降器按钮 ；E716—右侧前部车窗升降器按钮；

E713—右侧后部车窗升降器按钮；E711—左侧后部车窗升降器按钮；

K133—中央门锁 Safe 功能指示灯；W30—左前车门警告灯。

图 1-2-7 迈腾主驾控制电路图

　　如图 1-2-8 所示，若对比成功，J386/(T20/10)发送 LIN 信号到达 J388/(T20b/10)，到左后车门控制模块。左后车门模块通过 LIN 信号控制 J388/(T6t/3)或者 J388/(T6t/6)供电或搭铁，以此控制左后玻璃升降器 V26 上升或者下降。

　　J388 模块蓄电池正极直接供电经过 SC25 到达 J388/(T20b/19)，经过 J388 再由 J388/(T20b/20)搭铁构成回路。

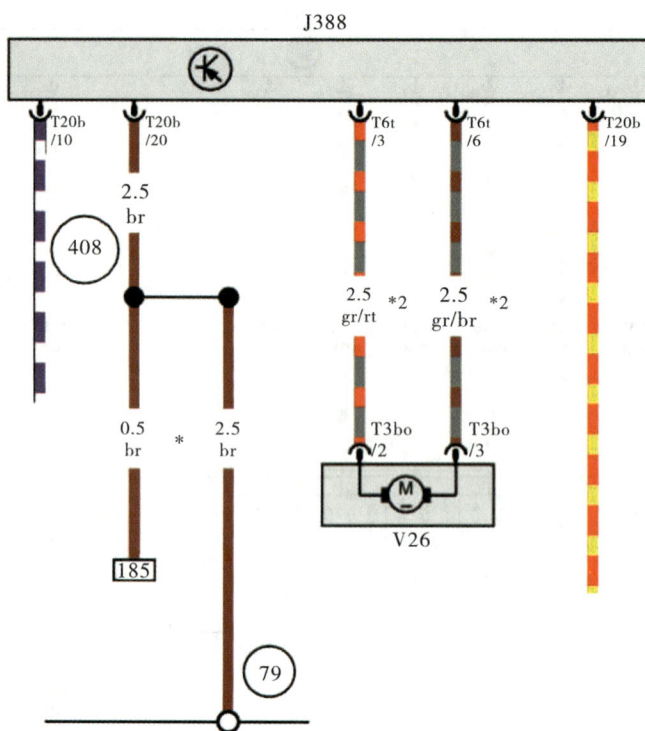

J388—左后车门控制单元；V26—左后车窗升降器。

图 1‑2‑8　迈腾左后车门控制电路图

四、故障本质原因确定(断)

1. 依据电路图，绘制故障分析树

2. 依据故障分析树，确定可能的故障点

(1)＿＿＿＿＿＿＿＿＿＿＿＿＿＿＿＿＿＿＿＿＿＿＿＿＿＿

(2)＿＿＿＿＿＿＿＿＿＿＿＿＿＿＿＿＿＿＿＿＿＿＿＿＿＿

(3)＿＿＿＿＿＿＿＿＿＿＿＿＿＿＿＿＿＿＿＿＿＿＿＿＿＿

(4)＿＿＿＿＿＿＿＿＿＿＿＿＿＿＿＿＿＿＿＿＿＿＿＿＿＿

五、实施解决故障问题(治)

1. 根据可能的故障点绘制实施流程图

2. 记录实施步骤

(1)＿＿＿＿＿＿＿＿＿＿＿＿＿＿＿＿＿＿＿＿＿＿＿＿＿＿

(2)＿＿＿＿＿＿＿＿＿＿＿＿＿＿＿＿＿＿＿＿＿＿＿＿＿＿

(3)＿＿＿＿＿＿＿＿＿＿＿＿＿＿＿＿＿＿＿＿＿＿＿＿＿＿

(4)＿＿＿＿＿＿＿＿＿＿＿＿＿＿＿＿＿＿＿＿＿＿＿＿＿＿

(5)＿＿＿＿＿＿＿＿＿＿＿＿＿＿＿＿＿＿＿＿＿＿＿＿＿＿

(6)＿＿＿＿＿＿＿＿＿＿＿＿＿＿＿＿＿＿＿＿＿＿＿＿＿＿

六、任务完成检查

1. 启动情况检查

是否能正常启动。　　　　是□　　否□

2. 车辆恢复状况检查

拆装部件是否恢复原状。　　是□　　否□

3. 车辆整理清洁检查

是否整理清洁车辆。　　　　是□　　否□

4. 工具检查整理

工具清点完成。　　　　　　是□　　否□

5. 新故障检查

是否有新故障。　　　　　　是□　　否□

七、维修总结

1. 故障原因

_____

_____

_____

_____

_____

2. 维修方案

_____

_____

_____

_____

_____

3. 采取该维修方案的原因

_____

_____

_____

_____

_____

4. 维修结果

_____

_____

_____

_____

_____

八、保养维护建议

_____

_____

_____

_____

_____

_____

_____

1.2.3　知识拓展

一、技能竞赛类车型玻璃升降系统控制原理分析

卡罗拉电动车窗电路如图 1-2-9 所示，车身 ECU 的 13 脚是信号输出控制脚，当车身 ECU 的 13 脚输出高电平信号时，电源继电器线圈得电，其触点闭合，蓄电池电压→主熔丝→120A ALT 熔丝→电源继电器触点后分三路供电。

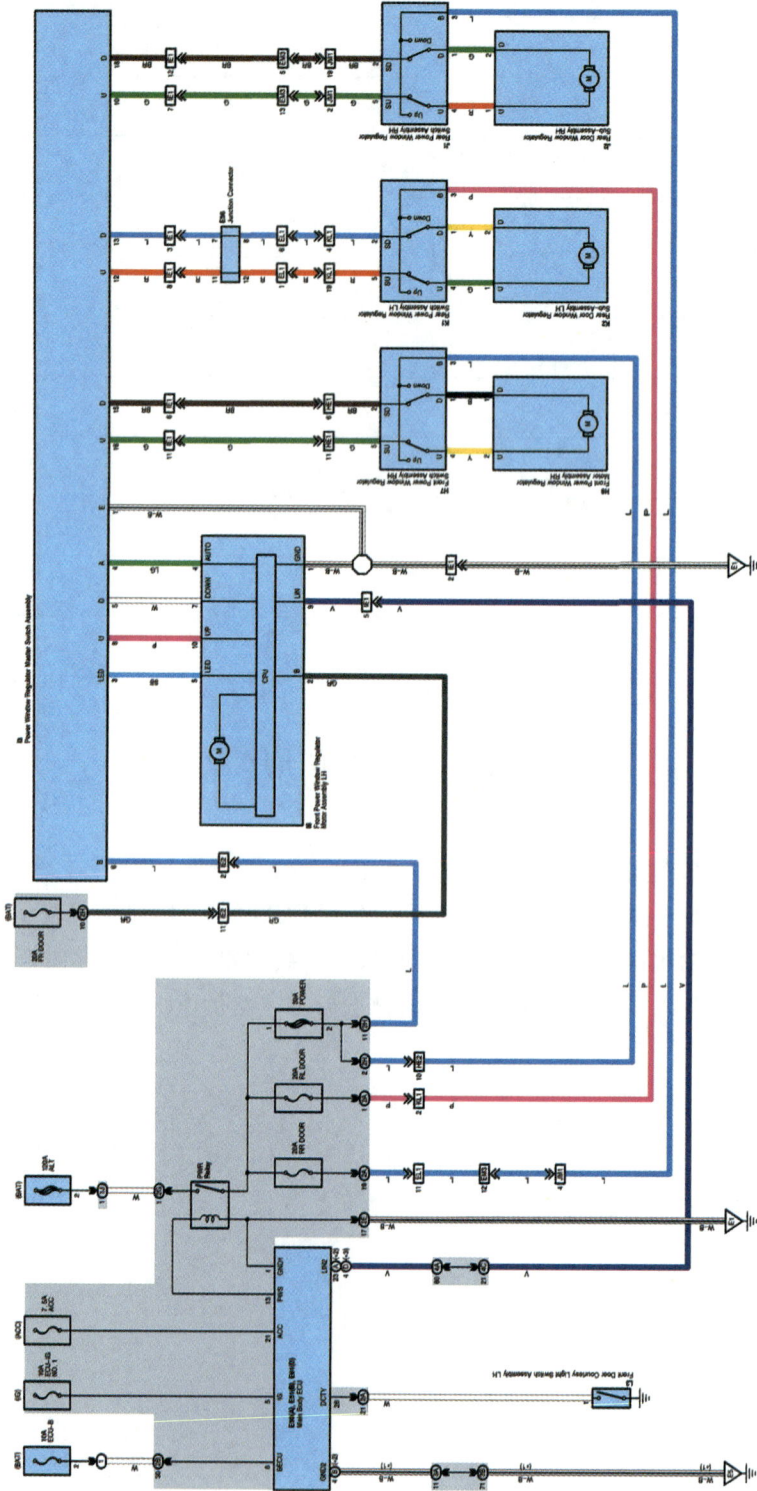

图1-2-9 卡罗拉玻璃电动车窗控制电路图

第一路经 30 A 电源熔丝后分为两路：一路供电给电动车窗主开关 I3 的 6 脚；另一路供电给右前电动车窗升降开关 H7 的 3 脚。

第二路经 20 A 右后门熔丝后供电给右后电动车窗升降器开关 J1 的 3 脚。

第三路经 20 A 左后门熔丝后供电给左后电动车窗升降器开关 K1 的 3 脚。

1. 左前侧电动车窗调节电路

蓄电池电压经 20 A 电源熔丝后供电给左前电动车窗调节电动机 16 的 2 脚；电动车窗主开关的 1 脚和左前电动车窗调节电动机 16 的 1 脚都为搭铁脚；电动车窗主开关的 5 为电动车窗下降控制信号；电动车窗主开关的 8 为电动车窗上升控制信号，当按下电动车窗"UP（上升）"按钮时，左前电动车窗上升关窗；当按下电动车窗"DOWN（下降）"按钮时，左前电动车窗下降开窗。

2. 右前电动车窗调节电路

电动车窗主开关的 16 和 15 外接前乘客侧电动车窗开关的 5 脚和 2 脚。

当按下右前电动车窗升降开关"UP"按钮时，右前电动车窗升降器开关 3 脚和 4 脚接通；1 脚和 2 脚接通。经 30 A 电源熔丝的电压→右前电动车窗升降器开关 3 脚→右前电动车窗升降器开关 4 脚→右前电动车窗升降器开关调节电动机→右前电动车窗升降器开关 1 脚→右前电动车窗升降器开关 2 脚→电动车窗主开关 15 经电动车窗主开关内部搭铁。此时，右前电动车窗升降器调节电动机得电，车窗上升关窗。

当按下右前电动车窗升降器开关"DOWN"按钮时，右前电动车窗升降器开关 3 脚和 1 脚接通；4 脚和 5 脚接通。经 30 A 电源熔丝的电压→右前电动车窗升降器开关 3 脚→右前电动车窗升降器开关 1 脚→右前电动车窗升降器调节电动机→右前电动车窗升降器开关 4 脚→右前电动车窗升降器开关 5 脚→电动车窗主开关 16 经电动车窗主开关内部搭铁。此时，右前电动车窗升降器调节电动机得电，车窗下降开窗。

3. 左后电动车窗调节电路

电动车窗主开关的 12 和 13 外接左后侧电动车窗开关的 5 脚和 2 脚。

当按下左后电动车窗升降器开关"UP"按钮时，左后电动车窗升降器开关 3 脚和 4 脚接通；1 脚和 2 脚接通。经 2 A 左后门熔丝的电压→左后电动车窗升降器开关 3 脚→左后电动车窗升降器开关 4 脚→左后电动车窗升降器调节电动机→左后电动车窗升降器开关 1 脚→左后电动车窗升降器开关 2 脚→电动车窗主开关 12 经电动车窗主开关内部搭铁。此时，左后电动车窗升降器调节电动机得电，车窗上升关窗。

当按下左后电动车窗升降器开关"DOWN"按钮时，左后电动车窗升降器开关 3 脚和 1 脚接通；4 脚和 5 脚接通。经 20 A 左后门熔丝的电压→左后电动车窗升降器开关 3 脚→左后电动车窗升降器开关 1 脚→左后电动车窗升降器调节电动机→左后电动车窗升降器开关 4 脚→左后电动车窗升降器开关 5 脚→电动车窗主开关 13 经电动车窗主开关内部搭铁，此时，左后电动车窗升降器调节电动机得电，车窗下降开窗。

4. 右后电动车窗调节电路

电动车窗主开关的 10 和 18 外接右后侧电动车窗开关的 5 脚和 2 脚。

当按下右后电动车窗升降器开关"UP"按钮时，右后电动车窗升降器开关 3 脚和 4 脚接通；1 脚和 2 脚接通。经 20 A 右后门熔丝的电压→右后电动车窗升降器开关 3 脚→右后电动车窗升降器开关 4 脚→右后电动车窗升降器调节电动机→右后电动车窗升降器开关 1 脚→右后电动车窗升降器开关 2 脚→电动车窗主开关 10 经电动车窗主开关内部搭铁。此时，右后电动车窗升降器调节电动机得电，车窗上升关窗。

当按下右后电动车窗升降器开关"DOWN"按钮时，右后电动车窗升降器开关 3 脚和 1 脚接通；4 脚和 5 脚接通。经 20 A 右后门熔丝的电压→右后电动车窗升降器开关 3 脚→右后电动车窗升降器开关 1 脚→右后电动车窗升降器调节电动机→右后电动车窗升降器开关 4 脚→右后电动车窗升降器开关 5 脚→电动车窗主开关 18 经电动车窗主开关内部搭铁。此时，右后电动车窗升降器调节电动机得电，车窗下降开窗。

二、知识补充（玻璃升降器系统其他常见故障）

（1）操作玻璃升降器开关，升降器有反应，玻璃不能升降。

该情况一般为升降器的故障，有可能为升降器与玻璃连接的部分有脱落等问题，导致无法将动力传递给玻璃。这种情况下，玻璃通常可以升起一部分，随后便被卡住。有时能听到电动机的工作声音，但玻璃升降没有反应，该情况，通常为电动机啮合的齿轮磨损严重，导致齿轮空转，无法传递动力。

（2）操作玻璃升降器开关，玻璃升降器将动作，但当玻璃上升到一半后，不会继续上升，或会自动下降到原来的位置。

玻璃上升到一半时不会继续上升，通常是由升降马达过载和动力不足引起的，更换升降马达或总成可以解决该问题。当玻璃上升到一定位置时，会自动下降到原来的位置，这是因为玻璃导轨槽内很脏，导致玻璃在工作过程中受阻，电动机控制单元的电流增大，为了不损坏电动机，玻璃升降器将停止工作并回到原来的位置。这个问题可以通过清洁玻璃轨道或更换玻璃轨道来解决。有些车型还需要车窗玻璃的初始化设置才能恢复正常。

（3）汽车玻璃有异响。

玻璃升降过程中有异响，这种情况通常是由玻璃升降器本身的故障造成的，此时，应更换玻璃升降器总成。另外，玻璃密封条上有脏物，吊装过程中会有异响，此时，需要清洁橡胶密封条并适当涂抹润滑剂。如果处理后仍然有异响，应更换橡胶密封条。

其次，如果车辆低速行驶时，能听到玻璃的振动声，则可能是因为仪表台中的紧固螺钉松动，零件错位，导致车窗玻璃振动。当发动机怠速旋转时，发动机的晃动会导致整个车身的晃动，导致玻璃产生异常噪声。这种情况可能与厂家的螺钉紧固和安装位置不到位有关，如果想彻底排除故障，则需要拆解修理。

三、课后案例探讨

一辆行驶里程为 10 万千米的迈腾 B8L 轿车，出现了主驾玻璃无法升降的故障，经过维修人员仔细检查，系统并无故障码，车辆其他状况良好。操作按钮时，能听到车门电动机有旋转的声音，请据此分析可能的故障原因。

四、思维拓展案例

老旧轿车经常会出现车窗玻璃升降缓慢的现象，有些甚至出现卡住不动，或者偏向一侧运行的现象，造成这些类型故障的主要原因是什么，如何进行维修？

五、练习题

(1)车窗玻璃的开闭功能是通过车门玻璃升降系统实现的，该系统主要包括_____、密封系统、_____、玻璃、电动机、控制器及开关。

(2)直流电动机、控制单元与减速器三者集合在一起，保证占据的空间较小，直流电动机为玻璃升降的_____，具有体积小、重量轻、防护等级高、噪声低、电磁干扰小、运行可靠等特点，具有较好的耐久性、水密性等。

(3)减速器一般为蜗轮蜗杆形式的，减速比通常在_____左右，使用年限较长的车辆，蜗轮蜗杆发生磨损，导致玻璃升降困难是常见的故障现象。

(4)帕萨特玻璃升降系统，主要由小齿轮、扇形齿轮、_____、_____、滑轮、带轮、座板齿轮等组成，电动机通过减速器传递出动力拉动钢丝绳沿着钢丝绳导向板移动，钢丝绳拉动玻璃托架运动，继而带动门窗玻璃随着安装托架做升降运动，该类型升降器所用零件少，自身质量轻，便于加工，所占空间小。

(5)操作玻璃升降器开关在不同的挡位(手动上升、自动上升、手动下降、自动下降)时，不同的分压电阻接入电路，作为基准的内部方波信号电压会发生改变，车门控制单元将此信号与内部预先存储的玻璃升降器动作数据的标准电压进行对比，若对比成功，将控制_____执行相应的（手动上升、自动上升、手动下降、自动下降）动作。

（6）当玻璃上升到一半时，他不会移动，这个问题通常是由_____和动力不足引起的，更换升降电动机或总成可以解决问题。

（7）玻璃升降过程中有异响，这种情况通常是由玻璃升降器本身的故障造成的，此时，应更换_____。

（8）当发动机怠速旋转时，发动机的晃动会导致整个车身的晃动，导致玻璃产生异常噪声。这种情况可能与厂家的螺钉紧固和_____不到位有关，如果想彻底排除故障，则需要拆解修理。

六、能力拓展

根据思维拓展的故障分析，尝试查询调研相关配件的价格，为车主做一份服务价格预算。

发动机机械系统典型故障分析与维修

项目情境描述

一辆行驶了 15 万千米的大众迈腾 B8，车主反映，在最近一段时间，每当车辆停放一段时间后，地面上都会存在一些机油，发动机也出现了怠速不稳定的情况，维修经理经过排查，确定电控系统不存在故障，初步判断是发动机机械系统存在问题，据此对车辆进行检查，确定故障原因并进行排除。

项目简介

通过对大众迈腾 B8 发动机机械系统故障进行分析与维修，学习发动机机械系统常见的典型故障，如发动机机油泄漏、怠速不稳等，尤其随着车辆行驶里程增加，车龄增长后，部分车辆保养不到位，普遍容易发生该类型的故障。该类型故障的故障点较多，需要工作人员细致耐心地处理解决故障，防止故障二次发生。首先对发动机机油泄漏和怠速不稳的故障原因进行分析，确定可能存在的主要故障，其次根据"故障维修思维图"确定故障检查维修的流程。

项目目标

1. 岗位能力目标

(1)能够对发动机机械系统进行快速检查，对故障原因进行分析，判断故障范围。

(2)掌握机油泄漏的维修工作流程。

(3)熟悉怠速不良的形成原因，能够进行积碳清洁等工作。

(4)能够与客户沟通，解释故障原因与维修流程，提供合理化建议。

2. 价值引领目标

(1)掌握由"现象"到"本质"分析故障。

(2)学会普遍联系地分析问题，具有抓住主次矛盾的能力。

(3)树立正确的价值观，承担相应的社会责任。

故障树分析法在汽车故障诊断与排除中的应用

汽车故障诊断排除实施流程图的绘制方法

3. "1+X"证书目标

(1)能拆卸、解体和清洗相关发动机机械部件。

(2)能诊断发动机怠速不良的故障，确认故障原因。

(3)能诊断机油消耗异常的故障。

(4)能用示波器或发动机分析仪诊断发动机机械系统，分析故障原因。

(5)能诊断发动机气缸压力不足的故障，分析故障原因。

4. 课程目标

(1)掌握发动机机械系统的组成与工作原理。

(2)熟悉机油泄漏的原因，掌握机油泄漏的维修流程。

(3)熟悉怠速不良的原因，掌握发动机积碳的清理方法。

(4)能够按照制订的流程，团队协同进行故障排除工作。

5. 技能大赛目标

(1)能够分析怠速不稳的故障原因，快速确定故障范围。

(2)能够正确使用工具，在规定时间范围内进行部件拆装维修。

(3)能够对积碳等情况进行清洁保养工作。

(4)能够在规定时间内，按操作流程完成任务，标准化书写任务单。

课前案例思考

案例一

杭州车主小尹将车停在维修店进行保养，店主小邓因前几天与小尹发生过口角，出于报复向发动机内加注了大量白糖，导致小尹的车辆发动机出现机油压力不足、异响等故障现象，经诊断仅维修费用就接近 20 万元，小尹果断报警，店主小邓被依法刑拘。

作为维修店店主应如何做到遵纪守法？对工作中不开心的事情应如何化解？

案例二

一辆家用车出现了机油泄漏的故障现象，经维修人员检查发现是油底壳密封胶出现了老化，维修店主要求维修人员谎称是曲轴油封和油底壳密封胶出现了老化，必须一同进行维修更换，从而谋取更多的维修费用。

在职业道德、社会法律面前，如果你是维修人员应该怎么处理？在以后的工作中，如何约束自己的行为？

故障分析思维图

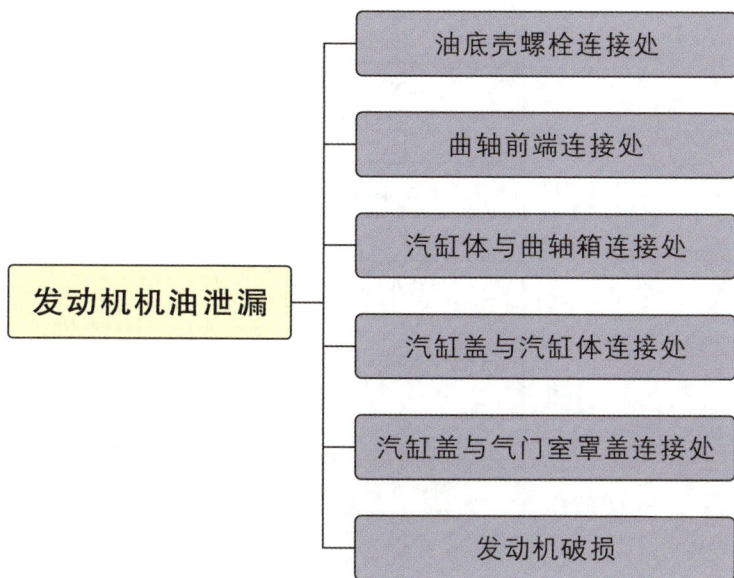

发动机机油泄漏
- 油底壳螺栓连接处
- 曲轴前端连接处
- 汽缸体与曲轴箱连接处
- 汽缸盖与汽缸体连接处
- 汽缸盖与气门室罩盖连接处
- 发动机破损

```
                                          ┌── 喷油器
                          ┌─ 燃油喷射系统 ──┼── 燃油泵
                          │                └── 滤清器
                          │
                          ├─ 点火系统
                          │
                          │                ┌── 进气压力传感器
  发动机怠速不稳 ──────────┼─ 怠速控制系统 ──┤
                          │                └── 开关信号
                          │
                          ├─ 废气再循环系统
                          │
                          └─ 机械系统
```

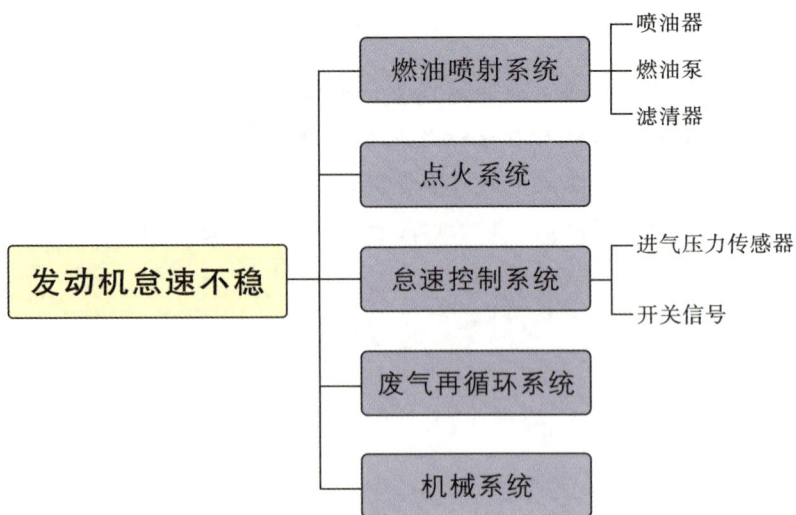

故障维修思维图

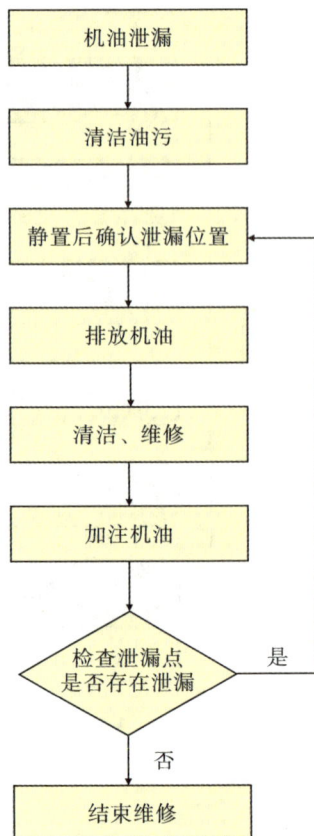

```
        ┌──────────────┐
        │   机油泄漏    │
        └──────┬───────┘
               │
        ┌──────▼───────┐
        │   清洁油污    │
        └──────┬───────┘
               │
        ┌──────▼────────┐
        │ 静置后确认泄漏位置│◄───────────┐
        └──────┬────────┘             │
               │                      │
        ┌──────▼───────┐              │
        │   排放机油    │              │
        └──────┬───────┘              │
               │                      │
        ┌──────▼───────┐              │
        │   清洁、维修   │              │
        └──────┬───────┘              │
               │                      │
        ┌──────▼───────┐              │
        │   加注机油    │              │
        └──────┬───────┘              │
               │                      │
            ╱──▼──╲                   │
           ╱ 检查泄漏点╲     是        │
          ╱ 是否存在泄漏 ╲────────────┘
           ╲           ╱
            ╲─────────╱
               │ 否
        ┌──────▼───────┐
        │   结束维修    │
        └──────────────┘
```

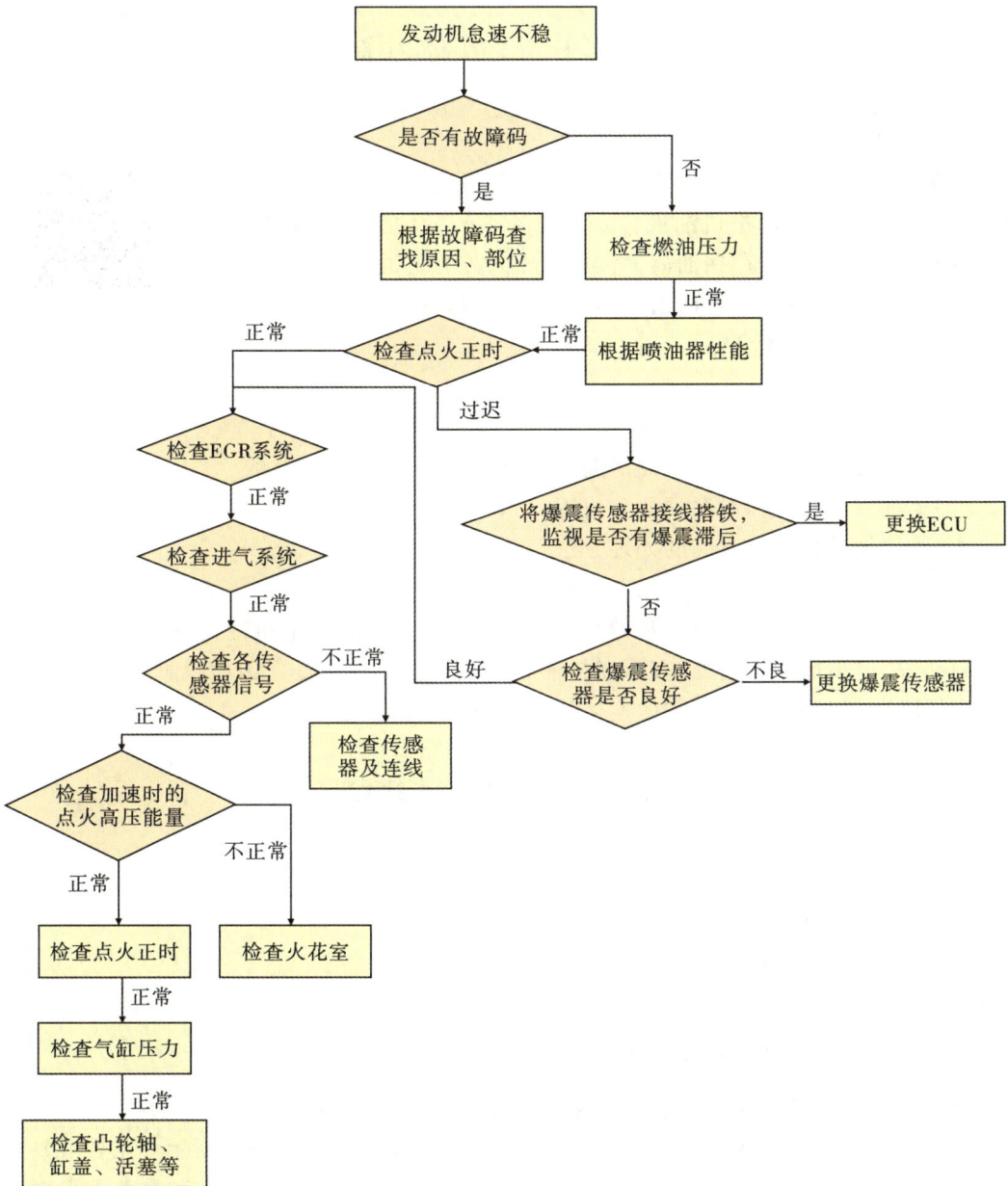

```
                    ┌─────────────────┐
                    │  发动机怠速不稳   │
                    └────────┬────────┘
                             │
                        ╱─────────╲
                       ╱ 是否有故障码 ╲──────────────────────┐
                       ╲            ╱          否            │
                        ╲─────────╱                          │
                             │ 是                            │
                    ┌────────┴────────┐          ┌──────────┴──────┐
                    │  根据故障码查     │          │  检查燃油压力     │
                    │  找原因、部位     │          └────────┬────────┘
                    └─────────────────┘                   │ 正常
                                                  ┌────────┴────────┐
          正常                      正常          │  根据喷油器性能   │
        ┌──────────────╱─────────────╲───────────└─────────────────┘
        │             ╱  检查点火正时  ╲
        │             ╲              ╱
        │              ╲────────────╱
        │                    │ 过迟
   ╱─────────╲                │
  ╱ 检查EGR系统 ╲       ┌───────┴──────────────────────╲                    ┌──────────┐
  ╲            ╱      ╱ 将爆震传感器接线搭铁,            ╲───────是─────────│  更换ECU  │
   ╲─────────╱       ╲ 监视是否有爆震滞后                ╱                   └──────────┘
        │ 正常         ╲─────────────────────────────╱
   ╱─────────╲                    │ 否
  ╱ 检查进气系统 ╲                   │
  ╲            ╱         良好   ╱─────────╲    不良    ┌──────────────┐
   ╲─────────╱    ┌───────────╱ 检查爆震传感 ╲─────────│ 更换爆震传感器 │
        │ 正常    │           ╲ 器是否良好   ╱          └──────────────┘
   ╱─────────╲    │            ╲─────────╱
  ╱ 检查各传感  ╲  不正常
  ╲ 器信号      ╱──────┐
   ╲─────────╱        │
        │ 正常    ┌────┴─────┐
   ╱─────────╲    │ 检查传感   │
  ╱ 检查加速时的 ╲  │ 器及连线   │
  ╲ 点火高压能量 ╱  └──────────┘
   ╲─────────╱
        │ 不正常
        │──────────┐
        │ 正常      │
   ┌────┴─────┐ ┌──┴──────┐
   │ 检查点火正时│ │ 检查火花室│
   └────┬─────┘ └─────────┘
        │ 正常
   ┌────┴─────┐
   │ 检查气缸压力│
   └────┬─────┘
        │ 正常
   ┌────┴─────┐
   │ 检查凸轮轴、│
   │ 缸盖、活塞等│
   └──────────┘
```

任务 2.1　发动机机油泄漏故障分析与维修

▶**工作情境与任务**

根据本项目情境描述，车辆停放一段时间后发动机下方就会出现机油泄漏现象，查看发动机机油液位，发现处于较低的位置，举升车辆，发现发动机油底壳部分存在油渍，油底壳密封处有机油液滴存在。据此分析故障原因，与客户进行沟通，参考维修资料，排除故障，为客户今后使用提供建议，检验合格后交付车辆。

故障现象

▶**任务目标**

(1)熟悉发动机机械结构组成。

(2)掌握发动机容易发生机油泄漏的部位。

(3)掌握发动机机油泄漏的故障成因。

(4)掌握发动机机油泄漏的处理方法。

▶**任务分析**

根据故障现象和"故障分析思维图"，工作人员首先应确定机油泄漏的位置，而后再进行维修，"油底壳密封处"有可能是油底壳与气缸体连接处，因此根据"故障维修思维图"，重点进行油底壳与气缸体连接处的泄漏点排查工作。

2.1.1　必备知识与原理

一、主要知识点

(1)发动机机械结构组成。

(2)发动机容易发生机油泄漏的部位。

(3)发动机机油泄漏的故障成因。

(4)发动机机油泄漏的处理方法。

二、发动机机械结构组成与容易发生机油泄漏的部位

发动机机械结构组成与容易发生机油泄漏的部位，如图2-1-1所示，主要容易发生泄漏的部位有：发动机气门室罩盖紧固螺栓橡胶垫处；发动机气门室罩盖下平面与气缸盖上平面结合处；发动机曲轴前端油封处和发动机曲轴后端油封处；发动机气缸体下平面与发动机油底壳上平面处；发动机油底壳放油螺塞平垫处。这些部位都是机械部件的结合处，需要垫片、密封胶等进行密封，随着使用时间的增加、高温高压等多种因素的影响，结合处很有可能出现老化或损坏，从而出现漏油现象。特别需要注意的是，由于损坏的程度不同，很容易出现渗漏情况，表现为使用较长时间后发动机上有油污情况，该情况出现概率高，不容易判定渗漏位置。

发动机气门室罩盖
紧固螺栓橡胶垫处

气门室罩盖

气缸盖

发动机气门室罩
盖下平面与气缸
盖上平面结合处

气缸体

发动机曲轴
前端油封处

曲轴箱

发动机曲轴
后端油封处

油底壳

发动机油底壳
放油螺塞平垫处

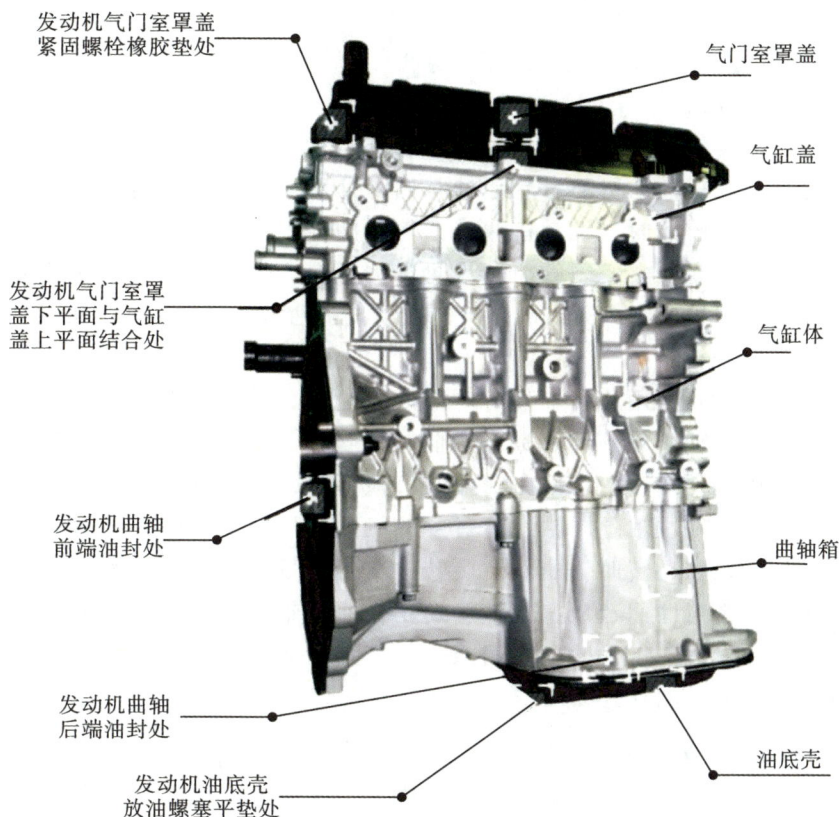

图 2-1-1　发动机机械结构组成与容易发生机油泄漏的部位

三、发动机机油泄漏的故障成因

1. 发动机气门室罩盖紧固螺栓橡胶垫处漏油原因分析

发动机气门室罩盖紧固螺栓橡胶垫由于长时间处于高温环境中，橡胶易老化发硬而失去弹性，导致橡胶垫密封性下降而漏油。气门室罩盖紧固螺栓橡胶垫磨损变小，气门室罩盖紧固螺栓承孔磨损变大，造成两者之间出现间隙而松动漏油。气门室罩盖紧固螺栓橡胶垫出现破裂，失去密封性而出现漏油。

2. 发动机气门室罩盖下平面与气缸盖上平面结合处漏油原因分析

气门室罩盖严重变形，导致气门室罩盖橡胶垫无法弥补气门室盖与气缸盖上平面之间的间隙，从而使机油顺着气缸盖上结合平面和气门室罩盖下结合平面之间的间隙渗出。

气门室罩盖受到发动机工作温度和外表大气温度差的影响，在气门室罩盖内表面和外表面之间形成一定温度差，在温度差的作用下产生热应力，气门室罩盖在热应力的长期作用下发生变形。

在一些维修过程中，由于维修人员对气门室罩盖螺栓拧紧顺序和力矩不对，过大的力矩导致气门室罩盖严重变形，从而引发泄漏。

3. 发动机曲轴前、后油封处漏油原因分析

1）发动机曲轴油封

发动机经过多年使用，曲轴油封内刃口磨损过大，曲轴油封内径和曲轴轴颈间出现过大的间隙，发动机内的机油沿着曲轴与油封处所形成的间隙漏油；现代汽车发动机曲轴油封大多为橡胶油封，发动机曲轴油封长期受到发动机高温的影响，致使发动机曲轴油封橡胶老化变硬，变硬的曲轴油封失去弹性、密封性能严重下降而造成曲轴油封漏油；发动机曲轴油封内刃口破裂，使发动机机油沿着裂纹往外漏机油。

2）发动机曲轴

发动机经过长时间使用，曲轴油封对应的曲轴轴颈表面磨损严重，形成下凹的圆环，曲轴轴颈下凹处轴颈外圆尺寸远小于曲轴油封内圆尺寸，从而形成间隙，发动机机油顺着这道间隙往外漏。发动机曲轴轴颈磨损（轴颈圆度，柱度）超过发动机大修标准上限值；发动机曲轴主轴颈同轴度超过发动机大修标准上限值，发动机曲轴磨损或者弯曲变形。发动机在运转时，曲轴在旋转中产生严重振动，严重振动的发动机曲轴破坏了曲轴油封的密封性而造成漏机油。发动机曲轴轴承因长时间磨损，曲轴轴颈与曲轴轴承配合间隙过大，过大的配合间隙会使发动机曲轴在运转过程中产生振动，同样也会造成发动机曲轴油封处漏油。

4. 发动机油底壳处漏油原因分析

发动机气缸体下平面严重变形，即气缸体下平面平面度误差超过汽车发动机大修标准，致使发动机油底壳密封垫无法弥补发动机气缸体下平面严重变形所形成的间隙，发动机机油沿着间隙而漏出；发动机油底壳密封垫老化变硬失去弹性，造成发动机油底壳密封垫密封性下降而漏油；发动机油底壳密封垫破裂，发动机机油沿着油底壳密封垫破裂的裂纹泄漏；装配发动机油底壳密封垫时油底壳密封垫位置不正而强行装配造成发动机机油外漏。

发动机油底壳变形的原因：其一是发动机油底壳上平面因内应力和拆卸时不规范操作（修理人员用手锤直接敲击或者用撬杆撬结合平面）而变形。变形严重的油底壳在与发动机气缸下平面安装时，油底壳和发动机气缸体之间形成较大的间隙，这较大的间隙导致通过油壳密封垫无法解决密封问题，从而在油底壳变形较大的部位泄漏发动机机油。其二是发动机油底壳紧固螺栓承孔处严重变形，部分维修人员使用过大的力矩拧紧螺丝，造成油底壳紧固螺栓折断、滑牙，气缸体螺纹承孔滑牙，油底壳紧固螺栓承孔周围承压面出现严重的下凹上凸局部变形，油底壳密封垫弹性变形无法弥补油底壳紧固螺栓承孔周围承压面严重变形所形成的间隙，多个间隙的存在使发动机机油外漏，造成发动机油底壳紧固螺栓拧得越紧越漏油的怪现象。

5. 发动机油底壳放油螺塞处漏油原因分析

汽车在使用中每一次二级维护都要拆下发动机油底壳放油螺塞放出发动机油底壳

内的机油，待发动机内机油放净后，再将发动机油底壳放油螺塞装好再拧紧，然后将新发动机机油从加油口倒入。随着汽车的使用时间增加，拆卸油底壳放油螺塞的次数增多，多次拧紧和旋松，使置于放油螺塞和油底壳放油螺塞孔之间的密封垫上下平面磨损形成许多沟槽或者变形。当拧紧放油螺塞后，发动机油底壳内的机油沿着螺纹通过放油螺塞密封垫平面的沟槽漏出发动机机油。

四、发动机机油泄漏的处理方法

1. 发动机气门室罩盖紧固螺栓处漏油的修理

检查发动机气门室罩盖紧固螺栓橡胶垫的情况。如果紧固螺栓橡胶垫磨损严重、老化或者破裂，一般选择更换新橡胶垫，然后重新装上紧固螺栓并按规定力矩拧紧，即可解决气门室罩盖紧固螺栓橡胶垫处漏机油的问题。

如果紧固螺栓橡胶垫磨损较轻、老化程度不严重，可以将紧固螺栓承孔周边及紧固螺栓橡胶垫清洗干净（橡胶垫不能用汽油和清洗剂进行清洗，以防橡胶垫加速老化），然后在橡胶密封垫的上下两面均匀地涂上一层密封胶，涂过密封胶的橡胶垫放在气门室罩盖紧固螺栓的承孔中，并按规定力矩拧紧紧固螺栓，待密封胶固化后可以解决气门室罩盖紧固螺栓处漏机油的问题。

2. 发动机气门室罩盖与气缸体处漏油的修理

先拧松气门室罩盖紧固螺栓，取下气门室罩盖并清洗干净，检查并重新装复，即可解决气门室罩盖与气盖上平面处漏机油的问题。如果气门室罩盖下平面变形量超过修理范围，只能同时更换新的气门室罩盖和新的橡胶垫，重新装复才能解决气门室罩盖与气缸上平面漏机油的问题。

3. 发动机曲轴油封处漏油的修理

发动机曲轴油封处漏机油应先检查发动机气缸体曲轴轴承承孔的内径、圆度、柱度是否超过大修标准值的上限值及发动机曲轴轴承承孔的同轴度是否超过大修标准值的上限值。上述两项在大修标准的控制范围内，发动机气缸体可继续使用。当上述两项超过大修标准值的上限值时，必须更换新的发动机气缸体。检查发动机曲轴主轴颈的圆度、柱度及曲轴主轴颈与曲轴油封接触处是否起槽。曲轴主轴颈圆度、柱度达到大修标准时，可以对曲轴轴颈进行磨削加工后再配相应加大级别的曲轴轴承；曲轴轴颈与曲轴油封接触的轴颈外径过小时，必须更换曲轴。另外发动机曲轴还应检查曲轴的弯曲和主轴颈的同轴度。检查完曲轴外还应检查发动机曲轴与曲轴轴承的配合间隙是否在大修标准范围内。发动机气缸体、曲轴、曲轴与曲轴轴承的配合间隙都在发动机大修标准范围内，才能更换发动机曲轴油封，彻底解决发动机曲轴油封处漏机油的问题。

4. 发动机油底壳与气缸体下平面处漏机油的修理

拆下发动机油底壳后进行彻底清洗、吹干，然后检查发动机油底壳上平面是否变形、紧固螺栓孔承压面是否有下面凹上面凸的现象。如有前述现象应同时更换发动机油底壳和油底壳垫再装复。如果发动机油底壳上平面无变形，只要更换发动机油底壳密封垫即可解决漏机油的问题。

5. 发动机油壳放油螺塞处漏机油的修理

拆下发动机油底壳放油螺塞，取下放油螺塞平垫，检查放油螺塞平垫上下平面；放油螺塞平垫上下两面有轻微压痕时，在放油螺塞平垫上下两面均匀地涂上一层密封胶，装复后拧紧放油螺塞，即可解决放油螺塞平垫漏油问题。放油螺塞平垫上下平面起槽严重时，必须更换新的平垫才能解决漏油问题。在实际修理中如果既没有发动机油底壳放油螺塞平垫又没有密封胶可用时，可以采用猪皮或者牛皮做材料，根据放油螺塞直径选好冲子，用冲子加工两个皮密封垫分别在放油螺塞平垫的上下两个面上；再将垫好的平垫套装于放油螺塞上，然后将套装好密封垫的放油螺塞旋入油底壳放油螺塞的承孔中，并按规定力矩拧好放油螺塞。这样也可以解决放油螺塞处漏机油的问题。

2.1.2　任务案例车辆分析与故障维修

发动机机油泄漏
故障分析与维修

一、故障现象查看总结

1. 望

_____

_____

_____

2. 闻

_____

_____

_____

3. 问

_____

_____

_____

4. 切

_____

_____

二、故障本质原因分析(诊)

根据知识与原理的学习,分析车辆停放一段时间后发动机下方就会出现机油泄漏的现象,确定发动机出现了机油泄漏的情况,进一步通过"发动机油底壳部分存在油渍,油底壳密封处有机油液滴存在",确定油底壳与曲轴箱密封的连接部位存在泄漏,通过分析确定泄漏的主要成因,并确定主要的维修方案。

三、迈腾 B8 发动机机油泄漏维修的维修过程

为确定机油泄漏的准确位置,在进行操作之前,应首先对发动机上的机油进行清洁,静置一段时间后,再次观察哪些位置出现了机油,从而确定机油泄漏的准确位置。再进一步进行泄漏的维修过程,以油底壳位置泄漏为例,具体操作步骤如下。

1. 排放机油

如图 2-1-2 所示,与机油更换步骤类似,通过拧开油底壳的放油螺栓,进行机油排放。对接近或达到更换里程数的机油,可直接排放掉旧机油,维修结束后更换新机油即可。如果机油更换时间较短,可用专门的容器收集好排放的机油,结束维修后重新加回。

图 2-1-2　排放机油示意图

2. 拆卸油底壳

如图 2-1-3 所示,按照由外到内的拆卸流程,分两到三次将油底壳上的螺栓拆卸下来,需特别注意的是,为保证装回时螺栓仍在原来的位置,可以将螺栓按拆卸的位置放置好。

拆卸完螺栓后,使用起子等工具,沿着油底壳边缘轻轻撬动油底壳,使密封胶与油底壳逐渐出现松动,要注意避免用力敲油底壳,造成其变形的情况,应通过慢慢分离的方式,取下油底壳。

检查油底壳的情况,如果油底壳出现变形或螺纹出现滑丝等情况,则要更换新的油底壳。

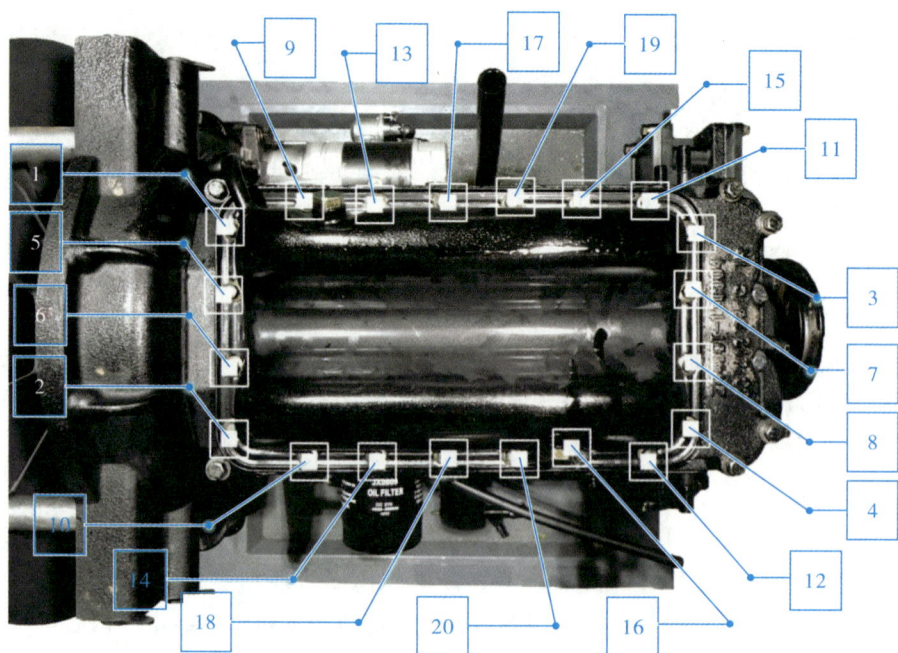

图 2-1-3 油底壳拆卸顺序示意图

3. 清理缸体和油底壳

使用塑料铲子清理残留在气缸体和油底壳上的密封胶。为防止存留机油导致后续密封胶涂抹失效，使用发动机清洁剂清洁干净金属边缘。

4. 安装油底壳

如图 2-1-4 所示，在清洁干净或新的油底壳上涂抹密封胶，首先在油底壳两个对角各安装一个螺丝，安装时保证油底壳平稳，随后按照由内至外的顺序，分两到三次，按规定力矩逐步拧紧螺栓。等待密封胶稳定后（一般为 24 小时），加注机油，启动发动机一段时间，停止静置后，检查油底壳及其他部位有无机油泄漏的情况。

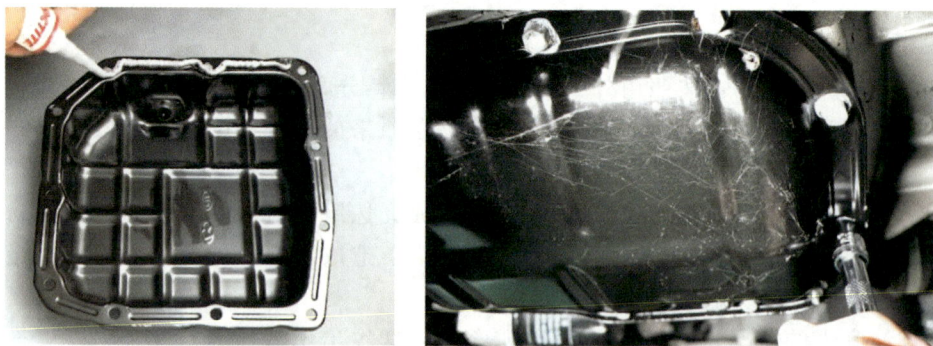

图 2-1-4 油底壳安装示意图

四、故障本质原因确定（断）

1. 依据故障现象，绘制故障分析树

2. 依据故障分析树，确定可能的故障点

(1) _____

(2) _____

(3) _____

(4) _____

五、实施解决故障问题（治）

1. 根据可能的故障点绘制实施流程图

2. 记录实施步骤

(1) _____

(2) _____

(3) _____

(4) _____

(5) _____

(6) _____

六、任务完成检查

1. 启动情况检查
是否能正常启动。　　　　是□　　否□

2. 车辆恢复状况检查
拆装部件是否恢复原状。　是□　　否□

3. 车辆整理清洁检查
是否整理清洁车辆。　　　是□　　否□

4. 工具检查整理
工具清点是否完成。　　　是□　　否□

5. 新故障检查
是否有新故障。　　　　　是□　　否□

七、维修总结

1. 故障原因

_____

_____

_____

2. 维修方案

_____

_____

_____

3. 采取该维修方案的原因

_____

_____

_____

4. 维修结果

_____

_____

_____

八、保养维护建议

_____

_____

_____

_____

2.1.3 知识拓展

一、机油泄漏与渗油的对比分析

发动机机油泄漏和发动机渗油是两个概念：发动机机油泄漏是一种故障现象，机油不正常减少，有较多较为明显的油污出现。发动机渗油，是因为机油的渗透能力很强，随着发动机的使用，会从油封等密封部位渗透出一点，这是一种普遍现象，不是一种故障现象。渗油主要体现在机油并未快速减少，但是发动机密封处可见少量油迹，发动机护板或地面未发现明显油迹。

发动机机油泄漏的主要危害是损失机油，导致机油不足进而导致发动机受损，泄漏严重时，会直接导致发动机机油润滑功能不足。

发动机渗油在大多数情况下对发动机没有明显危害，许多的渗油情况，在机油更换的整个周期内，损失的机油量很少，也不会触发机油报警灯，只是在检查维护的时候会发现有油污出现。出现该种情况，虽然暂时不会造成危害，但为防止后续问题的扩大，仍应积极寻找渗油原因。

二、知识补充（机油乳化问题的分析）

机油乳化是车辆使用中常出现的一种故障现象。判断机油是否乳化的方法：打开机油盖，观察机油盖及加机油口的内侧，若机油呈现出乳黄色或者乳白色，像面糊、胶水一样，还有泡泡，就说明机油已经乳化。

1. 机油口乳化

汽车发动机的机油口盖位置出现少量的白色乳状物质，称为机油口盖机油乳化。形成的主要原因：在低温环境下，汽车短里程行驶，发动机温度较低时就熄火停车，发动机开始慢慢冷却，由于塑料的机油口盖壁较薄，与厚大的缸体、缸盖，以及盛满机油的油底壳相比，机油口盖的保温性最差，因此该位置的冷却速度最快。

发动机运转过程中，从活塞位置窜入曲轴箱的高温气体使曲轴箱内的气体温度较高、湿度较大。发动机熄火后，随着环境温度的降低，曲轴箱内的水蒸汽出现过饱和，将会在温度最低的位置冷凝成水，因此北方冬季长期短里程行驶的车辆，容易在机油口盖位置产生机油乳化现象。

每天行驶里程较长的车辆，发动机的温度很高，即使在机油口盖有少量的冷凝水，在持续的高温环境下，冷凝水很快就蒸发掉，通过曲轴通风系统排出曲轴箱，不容易出现机油口乳化。

2. 机油乳化

出现机油乳化现象是因为机油中进入了大量水分，机油呈现乳白色，这种情况下，机油的润滑性能和冷却性能都会大大降低，导致发动机的所有润滑副磨损，情况严重的会导致发动机整机报废。该情况有可能是防冻液混入了机油中，还有可能是冷却水道出现了泄漏现象导致水与机油混合。

三、课后案例探讨

某迈腾轿车在转弯行驶，对车辆进行加速时，机油压力报警灯点亮，而在正常直线行驶时，机油压力报警灯熄灭，转弯时复现。车辆行驶里程 3 万千米，通过与客户沟通，车辆未按期在 4S 店进行保养。通过测试发现：转弯故障工况下车速确认为 20～30 km/h，发动机转速为 2000 r/min 左右；车辆原地怠速时机油压力报警灯点亮，原地加速至 2500 r/min 后，机油压力报警灯熄灭。

四、思维拓展案例

机油报警灯出现异常，应立即停车熄火，及时诊断，否则后果很严重。根据维修经验判断，导致机油报警灯异常的原因有哪些？

五、练习题

(1)发动机气门室罩盖紧固螺栓橡胶垫由于长时间处于高温环境中，使橡胶＿＿＿＿＿＿＿＿＿＿＿＿＿＿，导致橡胶垫密封性下降而漏油。

(2)如果紧固螺栓橡胶垫磨损严重、老化或者破裂，一般情况下选择更换＿＿＿＿＿＿＿＿＿＿＿＿＿＿，然后重新装上紧固螺栓并按规定力矩拧紧，即可解决气门室罩盖紧固螺栓橡胶垫处漏机油的问题。

(3)先＿＿＿＿＿＿＿＿＿＿，再取下气门室罩盖并清洗干净，检查并重新装复，可解决气门室罩盖与气缸盖上平面处漏机油的问题。

(4)发动机油底壳变形的原因：其一是发动机油底壳上平面因＿＿＿＿＿＿＿＿＿＿＿＿(修理人员用手锤直接敲击或者用撬杆撬结合平面)而变形。其二是发动机油底壳紧固螺栓承孔处严重变形，部分维修人员使用过大的力矩拧紧螺丝，造成油底壳紧固螺栓

折断、滑牙，气缸体螺纹承孔滑牙，油底壳紧固螺栓承孔周围承压面严重出现_____
_____的局部变形，油底壳密封垫弹性变形无法弥补油底壳紧固螺栓承孔周围
承压面严重变形所形成的间隙，多个间隙的存在使发动机机油外漏，造成发动机油底
壳紧固螺栓拧得越紧越漏油的怪现象。

(5)汽车在使用中每一次二级维护都要拆下发动机油底壳放油螺塞放出_____
_____，待发动机内机油放净后，再将发动机油底壳放油螺塞装好再拧紧，然后将
新发动机机油从加油口倒入。

(6)气门室罩盖紧固螺栓橡胶垫磨损变_____，气门室罩盖紧固螺栓承孔磨损变
_____，造成两者之间出现间隙而松动漏油。

(7)气门室罩盖受到发动机工作温度和外表大气温度差的影响，在气门室罩盖内表
面和外表面之间形成一定温度差，在温度差的作用下产生_____，气门室罩盖在热
应力长期作用下发生变形。

六、能力拓展

尝试调查不同类型密封胶的价格，制作一份密封胶选购对比表。

任务 2.2　发动机怠速不稳故障分析与维修

▷**工作情境与任务**

　　任务 2.1 中的迈腾 B8 在完成了机油泄漏维修后，启动车辆，发现发动机出现怠速不稳的现象，中高速正常，用诊断仪读取故障码，确认各个系统控制器内无故障码。据此与客户进行沟通，参考维修资料，排除故障，为客户今后使用提供建议，检验合格后交付车辆。

故障现象

▷**任务目标**

　　(1)掌握怠速的定义。

　　(2)掌握怠速的控制过程。

　　(3)熟悉怠速不稳的常见原因。

　　(4)掌握分析发动机失火的方法。

　　(5)掌握发动机气缸压力的检测方法。

▷**任务分析**

　　根据故障现象和"故障分析思维图"分析，"无故障码"表明电控系统存在故障的可能性较小，"怠速不稳，中高速正常"表明在发动机升速后，故障减轻或消失，因此应先进行数据流的分析工作，再进行机械系统的排查工作。

2.2.1　必备知识与原理

一、主要知识点

　　(1)怠速的定义。

　　(2)怠速控制过程。

　　(3)怠速不稳的常见原因。

　　(4)发动机失火的原因分析。

　　(5)发动机气缸的检测方法。

二、怠速的定义

　　发动机怠速是发动机运行工况之一，指发动机无负载运转状态，即离合器处于结合位置、变速器处于空挡位置(自动变速箱的车应处于"停车"或"P"挡位)。发动机怠速性能对排放、油耗和舒适性有较大影响，因此，发动机怠速性能是评价发动机性能的重要指标。怠速时，发动机与传动系统分离且油门踏板完全松开，发动机仅克服自身阻力运转，没有对外输出功。发动机怠速时的转速称为怠速转速，怠速转速不宜过高或者过低，过高会使油耗增加，过低会使发动机怠速转速不稳。保证发动机稳定运转的最低怠速转速为最佳怠速转速。

发动机正常怠速的转速一般在每分钟 600～900 转。不同车型因为发动机不同，怠速值会有些许差别。在冷启动时，怠速转速会比较高，这是为了让发动机能迅速升温，以达到正常的工作温度，这样发动机才有良好的润滑效果。待水温稳定后，怠速应回落到正常值。

三、怠速控制过程

发动机怠速控制系统主要由 ECU、执行器和各种传感器等组成，如图 2-2-1 所示。以宝马 N20 发动机怠速控制系统为例，怠速控制器主要受车载 ECU 的控制，通过监测热模式空气流量计、氧传感器、压力传感器、凸轮轴位置传感器等进行实时调节，主要的执行机构主要有两个部分，其一为电子节气门，其二为电子气门行程控制机构。ECU 根据车况、环境温度适时调节怠速时的转速，并相应地改变电子节气门开度和气门升程大小。利用电子气门技术，可以实现对气门行程的无极调节，使发动机在不同转速下都可以保证功率扭矩输出的最优均衡性。在满负荷位置的时候，气门行程和持续开启时间达到了峰值，而在怠速位置则达到最低值。

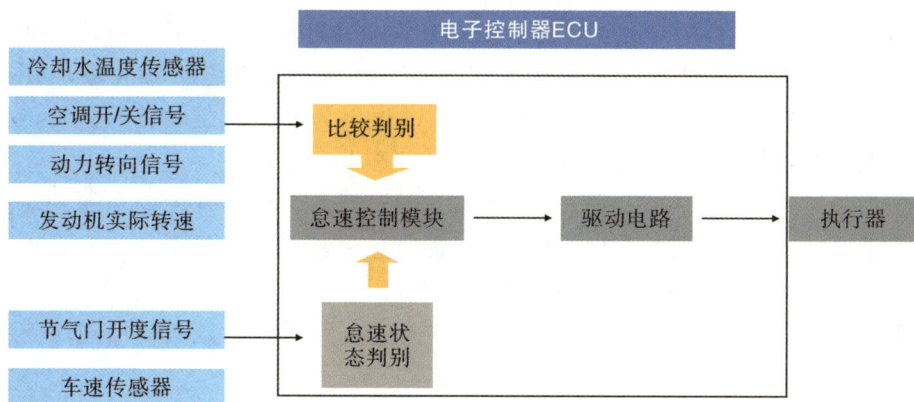

图 2-2-1 发动机怠速工作控制原理图

四、怠速不稳的常见原因

发动机怠速不稳是指发动机在无负荷的情况下运转时，转速表指针上下浮动，同时伴有发动机抖动的现象。机械零件脏污、磨损、安装不正确，或者发动机电控系统不正常，导致混合气燃烧不良，造成各气缸功率难以平衡，就会使发动机出现怠速不稳。

1. 燃油喷射系统

由于发动机 ECU 将喷油绝对压力作为一个恒定值，依靠改变开启喷油器的脉冲宽度来控制喷油量，因此如果喷油压力低于正常值，就会导致喷油量变小、混合气变稀，引起发动机怠速不稳。汽油滤清器脏堵、电动燃油泵磨损、燃油压力调节器弹簧弹力不足等，都会造成供油压力不足。此外，喷油器堵塞、喷油器不工作、喷油器雾化不良等，都会引起发动机怠速不稳。

2. 点火系统

点火系统引起的怠速不稳通常是由于火花塞工作不良或失效，引起"缺缸"或点火不良造成的。点火系统中的火花塞超过使用期限后，火花塞之间的电极间隙可能变大，引起火花质量下降，导致各缸工作时间不平衡，引起发动机抖动现象。火花塞长时间在高温高压的环境下工作容易产生烧蚀现象，通常对点火系统的技术要求：电极间隙为 1.0～1.1 mm，中心电极无烧蚀。建议按照厂商的建议，按使用期限对火花塞进行更换。

3. 怠速控制系统

通过怠速的控制过程分析，发动机电控单元依赖传感器信号作为参考进行信息处理，相关的传感器和电路出现故障，就会造成发动机怠速不稳的情况，如以下几个典型的系统。

进气歧管绝对压力（MAP）传感器：进气歧管绝对压力传感器是决定喷油量的最重要的传感器，它反映给发动机 ECU 的值是否准确，决定了空燃比是否准确。如果发动机怠速不稳，同时伴有排气管冒黑烟的现象，一般为 MAP 传感器故障，或是连接 MAP 传感器的真空软管脱落、漏气，此时 ECU 误以为发动机是大负荷运转，会加大喷油量，造成混合气过浓。

开关信号：当空调（AC）开关、动力转向（EPS）开关、制动开关等增加发动机负荷的开关接通时，ECU 将通过怠速空气控制阀提升怠速转速，以使发动机有足够的动力来驱动这些设备，如果这些信号不能到达 ECU，则会造成发动机怠速不稳。这种故障带有伴随性，通常是在打开空调开关、转动方向盘或踩下制动踏板时出现，而在其他时候正常。

一些传感器的间歇性不工作不会引起发动机的剧烈抖动，发动机自诊断系统也会进行相应的调节和修复，如电子节气门关闭不严，那么发动机会提高怠速转速以应对进气量的增加。

4. 废气再循环（EGR）系统

废气再循环装置就是将部分废气引入进气管内与新鲜空气混合，以降低燃烧温度、抑制有害气体 NO 生成的装置。这是一种完全出于环保要求而牺牲汽车性能的装置，特别是在怠速、低转速、小负荷及发动机冷态运行时，会明显降低汽车性能。所以，在发动机冷态和怠速的情况下，EGR 阀是关闭的，否则会造成发动机怠速不稳甚至熄火。

5. 燃油蒸发控制系统

在发动机温度低于 75 ℃或怠速情况下，燃油蒸发控制系统（EVAP）的控制阀应是关闭的，否则会导致混合气过浓，引起怠速不稳。

6. 机械故障

气缸压力不足：气缸压力不足表现为发动机不易启动，功率下降，低速特别是怠速时运转不稳。气缸、活塞环因磨损导致配合间隙过大，或某些气缸的活塞环折断造成漏气，都会引起气缸压力下降。

正时不准：正时皮带严重磨损或张紧轮弹力不当，会造成正时皮带跳齿，这时曲轴位置传感器所反映的一缸上止点位置会与实际值有偏差，导致点火时间不当，同时还会引起配气相位出现偏差。

零部件故障：零部件在长期的磨损、腐蚀及安装不规范等因素影响下容易发生损坏，导致汽车发动机怠速不稳现象的产生。在行驶过程中，频繁的振动导致发动机内部零部件出现松动、位置偏移，从而导致怠速不稳。

五、发动机失火的分析

所谓的"失火"，又称缺缸、断缸、断火、不点火、燃烧不良。广义上可以理解为，发动机在运转时，由于可燃混合气配比超差（过浓或过稀）、发动机机械故障、点火系统故障等原因引起的点火能量小、燃烧质量差、不能燃烧或不充分燃烧的一种不正常燃烧现象，也叫缺火现象。根据不正常燃烧程度，发动机失火主要分为部分失火和完全失火。部分失火是指混合气在气缸里燃烧不完全；完全失火是指混合气在气缸里并没有燃烧。图2-2-2为发动机失火的主要原因。

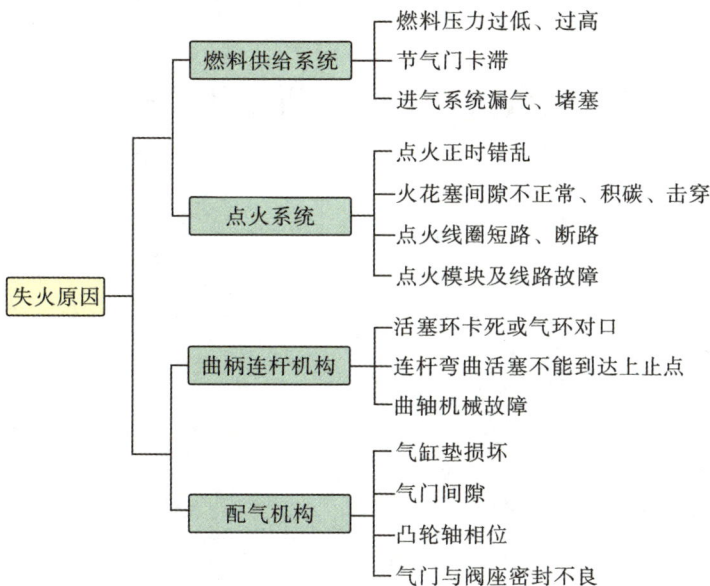

图2-2-2　发动机失火分析示意图

如图2-2-3所示，通过读取发动机数据流可以确定存在失火的气缸，如果发动机电脑内存在故障码，可以根据故障码确定可能存在的故障原因，结合发动机电脑内的主要数据流情况，与正常数据流的值进行对比，进一步确定故障范围。通过调整发动机的转速，能够查看不同负荷情况下的数据流情况，进一步缩小故障的范围。

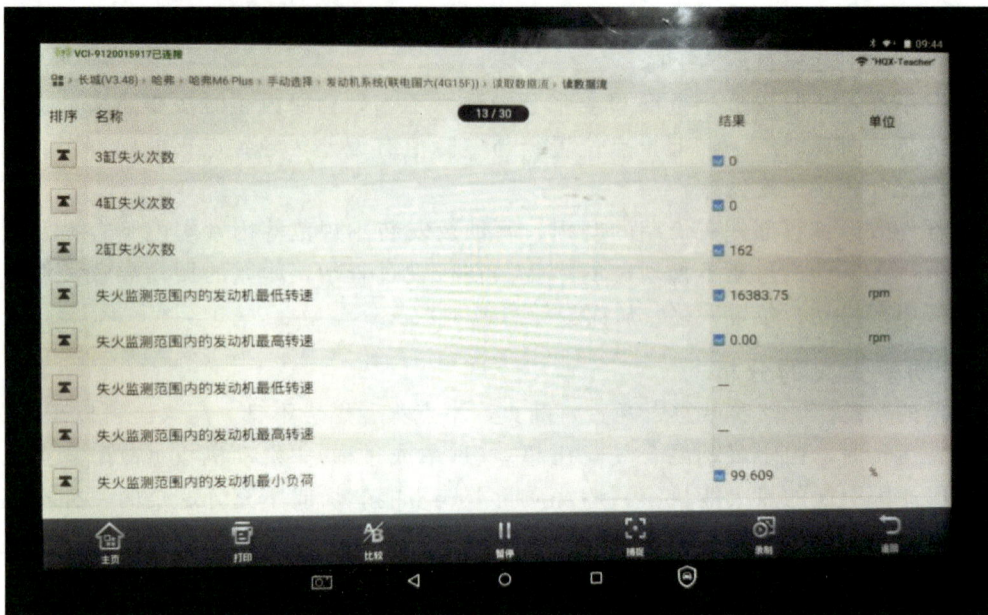

图 2-2-3　发动机失火数据流分析示意图

2.2.2　任务案例车辆分析与故障维修

一、故障现象查看总结

1. 望

_____

_____

_____

2. 闻

_____

_____

_____

3. 问

_____

4. 切

二、故障本质原因分析(诊)

根据知识与原理的学习，分析"没有故障码"说明电控系统中的传感器、点火控制、燃油供给等电控系统的故障概率较小，"怠速不稳，中高速正常"说明有可能是个别部件造成的影响，随着发动机转速的提高，状态得到改善。利用所学知识对发动机数据流进行分析，结合积碳检查等确定怠速不稳的基本故障方向，并分析是否是进气系统存在故障。

三、迈腾 B8 发动机数据流分析

首先读取发动机数据流，选取凸轮轴电磁阀、燃油压力、混合气形成主要影响怠速工况的数据，如图 2-2-4 所示，分析各项数据是否在正常范围内。若存在问题，则重点分析该系统情况。

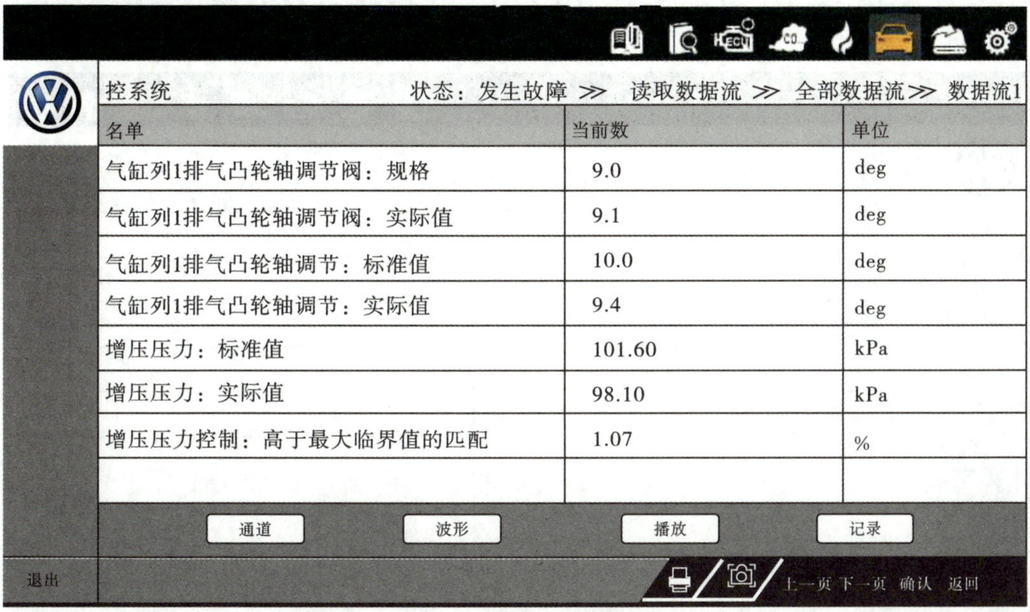

名单	当前数	单位
气缸列1排气凸轮轴调节阀：规格	9.0	deg
气缸列1排气凸轮轴调节阀：实际值	9.1	deg
气缸列1排气凸轮轴调节：标准值	10.0	deg
气缸列1排气凸轮轴调节：实际值	9.4	deg
增压压力：标准值	101.60	kPa
增压压力：实际值	98.10	kPa
增压压力控制：高于最大临界值的匹配	1.07	%

控系统　状态：发生故障 ≫ 读取数据流 ≫ 全部数据流 ≫ 数据流1

通道　　波形　　播放　　记录

退出　　　上一页 下一页 确认 返回

图 2-2-4　迈腾 B8 发动机数据流

　　若数据在正常范围内，进一步进行失火检测，根据故障现象中"怠速不稳，中高速正常"的特点，在读取失火数据流的时候，分别踩下加速踏板，将发动机转速从怠速900转，分别加速到2000转、3000转、4000转，观察数据流情况，读取失火检测结果，分析失火的情况和原因。如图2-2-5所示，通过数据分析确定失火的气缸和转速情况。对失火气缸的点火和喷油系统进行检测，确定点火和喷油系统是否存在故障。

控系统　　　　状态：发生故障 ≫ 读取数据流 ≫ 全部数据流 ≫ 数据流1		
名单	当前数	单位
发动机转速	2091	/min
燃烧中断数：气缸1	0	
燃烧中断数：气缸2	0	
燃烧中断数：气缸3	0	
燃烧中断数：气缸4	0	

通道　　　波形　　　播放　　　记录

退出　　　　　　　　　　　上一页 下一页 确认 返回

（a）

控系统　　　　状态：发生故障 ≫ 读取数据流 ≫ 全部数据流 ≫ 数据流1		
名单	当前数	单位
发动机转速	3044	/min
燃烧中断数：气缸1	0	
燃烧中断数：气缸2	0	
燃烧中断数：气缸3	0	
燃烧中断数：气缸4	0	

通道　　　波形　　　播放　　　记录

退出　　　　　　　　　　　上一页 下一页 确认 返回

（b）

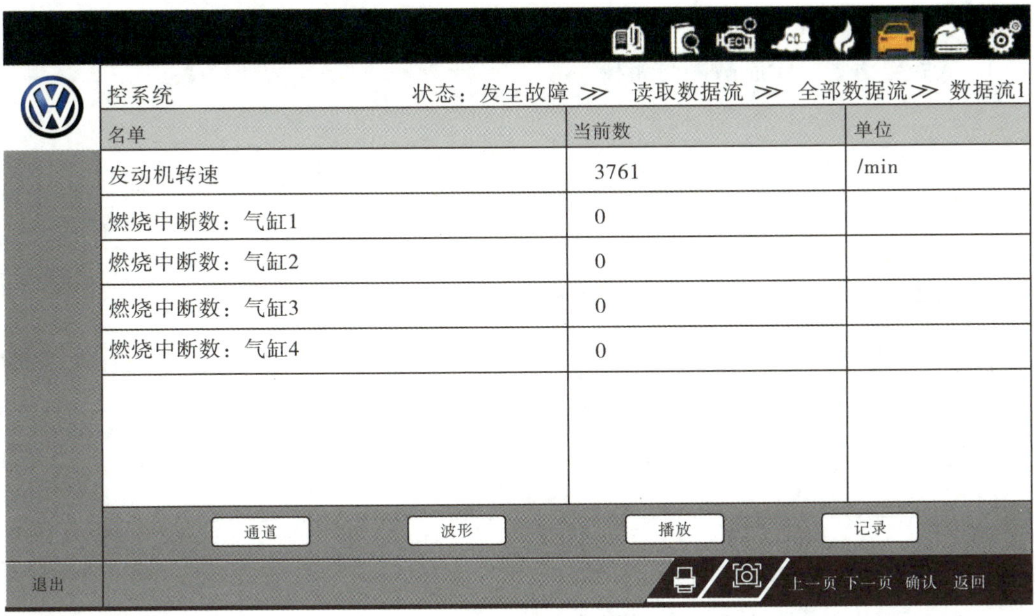

控系统	状态：发生故障 ≫ 读取数据流 ≫ 全部数据流 ≫ 数据流1	
名单	当前数	单位
发动机转速	3761	/min
燃烧中断数：气缸1	0	
燃烧中断数：气缸2	0	
燃烧中断数：气缸3	0	
燃烧中断数：气缸4	0	

通道　　波形　　播放　　记录

退出　　　　　上一页 下一页 确认 返回

(c)

图 2-2-5　迈腾 B8 发动机不同转速下失火数据流分析

四、迈腾 B8 发动机气缸压力检测

在点火、喷油系统不存在问题的情况下，可进一步对进气系统进行故障诊断排除，考虑是否是积碳造成了进气不足。

检测气缸压力时，应使发动机达到正常工作温度后熄火，拆除汽油机各缸火花塞，将节气门置于全开位置，将手持式气缸压力表锥形橡皮头紧压在火花塞孔上。用启动机带动发动机运转 3～5 s，转速在正常范围(150 r/min 左右)；等压力表指针达到最大稳定值后，读取压缩压力值。按下逆止阀按钮，进行排气降压，记录下气缸压力表的读数。重复 2～3 次，取其平均值。

根据对应气缸压力的技术标准进行判定。各缸的压力差是否超过平均值的 5%。如果有气缸小于平均值，应检查。

五、迈腾 B8 发动机机械故障的分析

若气缸压力正常，则进一步对机械零部件进行分析，用诊断电脑对凸轮轴调节系统、燃油箱通风阀、曲轴箱通风泄漏、氧传感器老化等进行测试，确认有无故障。

若上述检查无问题，对机械部件进行检查分析，如针对气门弹簧、液压补偿元件、摇臂、凸轮轴等进行检查，确定是否存在磨损，造成进行间隙变化，对正时链条进行检查确定有无变形拉长现象，造成配气正时出现问题。

通过上述过程完成对所有可疑部位的检查，最终确定故障原因。

六、故障本质原因确定(断)

1. 依据电路图，绘制故障分析树

2. 依据故障分析树，确定可能的故障点

(1) _____

(2) _____

(3) _____

(4) _____

七、实施解决故障问题(治)

1. 根据可能的故障点绘制实施流程图

2. 记录实施步骤

(1) _____

(2) _____

(3) _____

(4) _____

(5) _____

(6) _____

八、任务完成检查

1. 启动情况检查

是否能正常启动。　　　　　是□　　否□

2. 车辆恢复状况检查

拆装部件是否恢复原状。　　是□　　否□

3. 车辆整理清洁检查

是否整理清洁车辆。　　　　是□　　否□

4. 工具检查整理

工具清点是否完成。　　　　是□　　否□

5. 新故障检查

是否有新故障。　　　　　　是□　　否□

九、维修总结

1. 故障原因

_____

_____

_____

2. 维修方案

_____

_____

_____

3. 采取该维修方案的原因

_____

_____

_____

_____

4. 维修结果

_____

_____

_____

_____

十、保养维护建议

_____

_____

_____

_____

2.2.3　知识拓展

一、技能竞赛类车型点火系统控制原理分析

丰田卡罗拉点火模块的4个端子如图2-2-6所示。卡罗拉发动机点火电路由蓄电池、点火开关、集成继电器、点火线圈总成（点火模块）及ECM组成。发动机点火系统工作时ECM确定点火正时并为各气缸传输点火信号（IGT）。ECM根据IGT信号接通或断开点火器内的功率晶体管的电源，功率晶体管进而接通或断开流向初级线圈的电流。初级线圈中的电流被切断时，次级线圈中产生高压，此高压被施加到火花塞上并使其在气缸内部产生电火花。一旦ECM切断流向初级线圈的电流，点火器会将点火确认信号（IGF）发送回ECM，ECM据此控制各气缸点火。

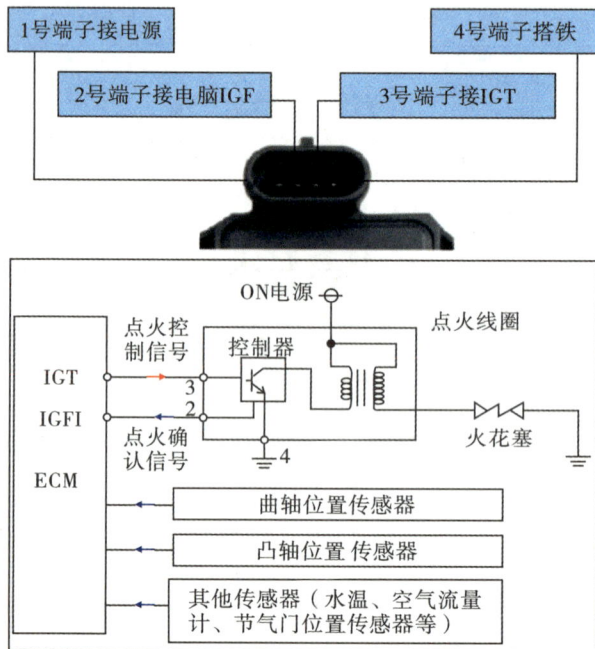

图2-2-6　卡罗拉点火系统控制原理图

端子1接电源线，工作时由点火开关控制集成继电器向其供电。端子2（IGF）为点火确认信号线，点火系统正常点火后，点火模块通过2号端子向ECM发送一个IGF信号，确认该缸已经正常点火，如果ECM连续4次收不到该缸的点火确认信号，ECM会停止向该缸发送喷油脉冲信号，该缸喷油器便停止喷油，以防止喷油而不点火浪费燃油且污染环境。端子3（IGT）为点火信号线，点火模块只有在收到点火信号后，功率晶体管才会断电，点火线圈次级产生高压电，使火花塞产生高压电火花，点燃可燃混

合气。端子 4 为搭铁线，为功率晶体管提供搭铁。

断开点火开关，拔下点火线圈的插头，点火开关在 ON 位置时，在线束侧插头上测量 1 号端子(电源)的电压值为电源电压、4 号端子(搭铁)为 0 V、3 号端子(点火控制信号)为 0 V、2 号端子(点火确认信号)为 5 V 左右，次级线圈的电阻正常值为 5～6 MΩ，说明点火模块工作正常。

二、知识补充(发动机积碳的处理方法)

积碳是一种附着在进气道组件和发动机内部表面的胶状物，由于受到发动机内部高温的影响，胶状物已经干涸并黏附在发动机零部件的表面。发动机积碳对发动机的影响主要包括两个方面：一是对发动机部件产生损坏，使发动机的结构受到损坏；二是对发动机的使用性能造成影响。

发动机积碳清理最有效的方法是清洗剂清洗(打吊瓶)或者拆机清洗。以下是发动机积碳清理的方法。

(1)清洗节气门：取下发动机舱盖，拆下节气门，并使用化油器清洗剂对其进行清洗，用棉布擦干后安装即可。

(2)清洗发动机内部积碳：打开机油盖，将整罐清洁剂倒入(与旧机油混合)后，盖上机油盖，打火怠速 10 分钟后熄火。清洗发动机内部积碳，清洁剂溶解发动机内部油泥、胶质、水分及金属碎屑等沉积物。清洗发动机内部积碳能减少对新机油的污染，延长发动机的使用寿命。

(3)清洗油路积碳：加油前，将整瓶燃油添加剂加入油箱。一般 50～80 升的油箱用一瓶燃油添加剂。清洗油路积碳包括清洗喷油嘴、燃烧室、火花塞、节流阀等部位，目的是解决因油路系统的积碳、胶质及污垢所导致的马力不足、耗油、喘抖及加速不畅或启动困难等问题。

(4)启动车辆时利用真空将清洁剂吸入进气道路，达到清洗目的。

三、课后案例探讨

一辆 2021 款丰田亚洲狮轿车怠速不稳，有游车现象，发动机转速忽高忽低，伴随着发动机抖动，随着油门加大转速缓慢地提升，发动机抖动情况逐渐趋于平稳。故障码"P050500—怠速控制系统"，机舱内有漏气的声音，据此分析可能的故障范围，及如何实施故障诊断排除。

四、思维拓展

若汽车的三元催化转化器内部出现了较多的积碳，或者出现了破碎物体集聚的情况，可能会导致汽车排气系统局部故障，这时汽车的排气阻力将会出现明显的增加。同时，汽车进气管的负压会出现大幅度的下降，从而导致汽车发动机出现排气不畅的问题，汽车的进气也会出现明显的不充分，发动机此时的工作性能将会出现明显的下降，出现明显的急速抖动，针对该情况如何进行维修？

五、练习题

(1)发动机急速是发动机运行工况之一，指发动机_____状态，即离合器处于结合位置、变速器处于空挡位置（自动变速箱的车应处于"停车"或"P"挡位）。

(2)急速时，发动机与传动系统分离且油门踏板_____，发动机仅克服自身阻力运转，没有对外输出功。

(3)发动机正常急速的转速一般为每分钟_____转。

(4)由于发动机 ECU 将喷油绝对压力作为一个恒定值，依靠改变开启喷油器的_____来控制喷油量，因此如果喷油压力低于正常值，就会导致喷油量变小，混合气变稀，引起发动机急速不稳。

(5)点火系统中的火花塞如果超过使用期限后，火花塞之间的电极间隙可能变大，引起火花质量下降，导致各缸工作时间不平衡，引起发动机_____现象。

(6)废气再循环装置就是将部分废气引入进气管内与新鲜空气混合，以降低燃烧温度、抑制有害气体_____生成的装置。

(7)宝马 N20 发动机急速控制器主要受车载 ECU 的控制，通过监测_____、_____、压力传感器、凸轮轴位置传感器等进行实时调节，主要的执行机构主要有两个部分，其一为电子节气门，其二为电子气门行程控制机构。

(8)ECU 根据车况、环境温度适时调节急速时的转速，并相应地改变_____和气门升程大小。利用电子气门技术，可以实现对气门行程的无极调节，发动机在不同转速下，都可以保证功率扭矩输出的最优均衡性。

六、能力拓展

根据思维拓展的故障分析，尝试出具一份维修方案，绘制维修流程图。

项目 **3**

发动机电控系统典型故障分析与维修

项目情境描述

一辆行驶 8 万千米的大众迈腾 B8，客户反映购车至今未进行"大保养"等项目，最近出现启动困难的现象，通过启动发动机，发现发动机无法启动，且没有发动机启动的声音，仪表盘正常显示。通过连接解码器读取故障码，显示解码器无法与发动机电脑建立连接。

项目简介

通过对大众迈腾 B8 发动机电控系统故障的分析与维修，学习发动机无法启动故障的排查与诊断流程，发动机无法启动是汽车故障中常见的一种故障现象，成因复杂，工作人员需要对发动机各系统认识了解全面，并有良好的分析能力才能解决相关问题。首先分析发动机无法启动的故障原因，确定可能存在故障的主要系统内容，其次根据"故障维修思维图"确定故障检查维修的流程。

项目目标

1. 岗位能力目标

(1)能够快速对发动机电控系统故障原因进行分析，判断基本故障范围。

(2)能够依据维修手册，独立开展故障排除实施工作。

(3)能够正确使用解码器等相关工具对发动机电器部件进行检测。

(4)能够与客户进行沟通，解释故障原因与维修流程，提供合理化保养维护建议。

2. 价值引领目标

(1)学习工匠精神，追求精益求精。

(2)学习抓住主次矛盾的能力。

(3)实践是检验真理的唯一标准，做到坚持实践检验。

(4)爱岗敬业，诚实守信。

汽车电路图册
的识读方法

汽车电路简图
的绘制方法

3. 课程目标

(1)掌握发动机系统的组成与电路原理。

(2)掌握引起发动机不能启动的原因与故障类型。

(3)能够按照制订的流程，团队协同进行故障排除工作。

(4)爱岗敬业，沟通良好，具备组织团队共同实施完成任务的能力。

4. "1+X"证书目标

(1)能够检查燃油供给系统。

(2)能够检查、拆装或更换启动机，检测启动机电流、电压等，确定维修内容。

(3)能检测蓄电池电量，根据情况进行充电或更换。

(4)能检测初级、次级点火波形，确认维修内容。

(5)能用示波器或发动机分析仪诊断发动机机械、电气、燃油和点火系统，分析故障原因。

5. 技能大赛目标

(1)能够分析发动机电路中每个线路的作用。

(2)能够使用专用仪器进行相关电路波形、数据流的读取，进行故障的分析诊断。

(3)能够对多个同时存在的发动机故障进行综合分析诊断。

(4)能够在规定时间内，按操作流程完成任务，标准化书写任务单。

课前案例思考

案例一

目前在许多汽车维修厂、4S店等，都出现过汽车维修工维修不规范、工作不仔细，导致发动机损坏，从而酿成发动机不能启动的故障问题。作为汽车维修人员，如何操作才能避免这一现象的产生？

案例二

"某维修店老板刘某为了多赚修理费，对维修店内5辆汽车的轮胎、驻车模块供电线路、发动机散热器和水泵供电线路等汽车重要部位实施破坏，造成发动机无法启动等问题。车主发现问题后报案，所幸均未导致严重后果。公安机关以刘某涉嫌破坏交通工具罪移送检察院审查起诉，同年，刘某被法院依法判处有期徒刑三年，缓刑五年。"

　　作为一名汽车维修人员，肩负保证车辆安全、人员交通安全的责任，在道德、法律和社会责任的约束与金钱的诱惑之间，如何做到规规矩矩做人，安安心心挣钱？

故障分析思维图

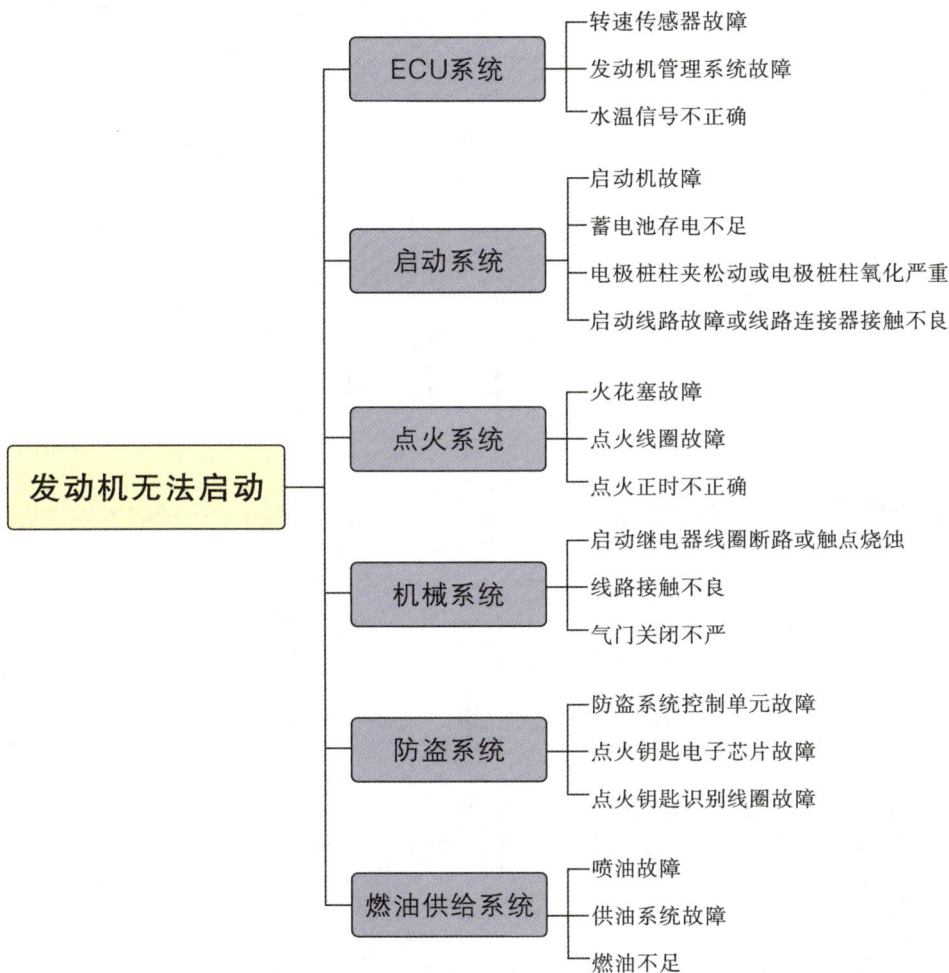

```
                              ┌─ 转速传感器故障
                    ┌─ ECU系统 ┼─ 发动机管理系统故障
                    │         └─ 水温信号不正确
                    │
                    │         ┌─ 启动机故障
                    │         ├─ 蓄电池存电不足
                    ├─ 启动系统 ┼─ 电极桩柱夹松动或电极桩柱氧化严重
                    │         └─ 启动线路故障或线路连接器接触不良
                    │
                    │         ┌─ 火花塞故障
                    ├─ 点火系统 ┼─ 点火线圈故障
  发动机无法启动 ─────┤         └─ 点火正时不正确
                    │
                    │         ┌─ 启动继电器线圈断路或触点烧蚀
                    ├─ 机械系统 ┼─ 线路接触不良
                    │         └─ 气门关闭不严
                    │
                    │         ┌─ 防盗系统控制单元故障
                    ├─ 防盗系统 ┼─ 点火钥匙电子芯片故障
                    │         └─ 点火钥匙识别线圈故障
                    │
                    │           ┌─ 喷油故障
                    └─ 燃油供给系统┼─ 供油系统故障
                                └─ 燃油不足
```

故障维修思维图

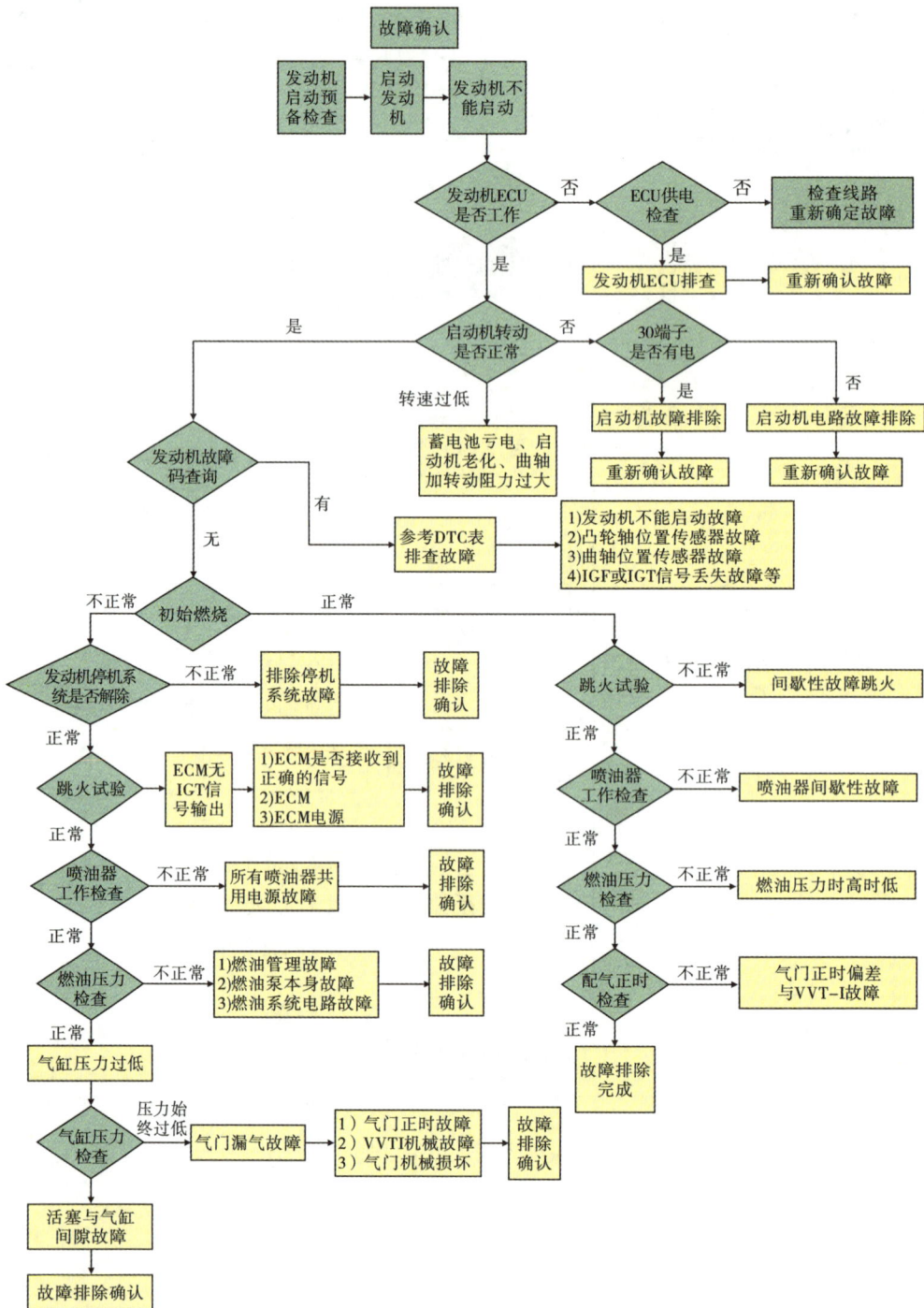

故障确认

发动机启动预备检查 → 启动发动机 → 发动机不能启动

发动机ECU是否工作 —否→ ECU供电检查 —否→ 检查线路重新确定故障

是 ↓

ECU供电检查 —是→ 发动机ECU排查 → 重新确认故障

启动机转动是否正常 —否→ 30端子是否有电

是 ↓ （转速过低）

30端子是否有电 —是→ 启动机故障排除 → 重新确认故障

30端子是否有电 —否→ 启动机电路故障排除 → 重新确认故障

蓄电池亏电、启动机老化、曲轴加转动阻力过大

发动机故障码查询 —有→ 参考DTC表排查故障

1)发动机不能启动故障
2)凸轮轴位置传感器故障
3)曲轴位置传感器故障
4)IGF或IGT信号丢失故障等

无 ↓

初始燃烧

左侧（不正常）：

发动机停机系统是否解除 —不正常→ 排除停机系统故障 → 故障排除确认

正常 ↓

跳火试验 → ECM无IGT信号输出 → 1)ECM是否接收到正确的信号 2)ECM 3)ECM电源 → 故障排除确认

正常 ↓

喷油器工作检查 —不正常→ 所有喷油器共用电源故障 → 故障排除确认

正常 ↓

燃油压力检查 —不正常→ 1)燃油管理故障 2)燃油泵本身故障 3)燃油系统电路故障 → 故障排除确认

正常 ↓

气缸压力过低

气缸压力检查 —压力始终过低→ 气门漏气故障 → 1）气门正时故障 2）VVTI机械故障 3）气门机械损坏 → 故障排除确认

活塞与气缸间隙故障

故障排除确认

右侧（正常）：

跳火试验 —不正常→ 间歇性故障跳火

正常 ↓

喷油器工作检查 —不正常→ 喷油器间歇性故障

正常 ↓

燃油压力检查 —不正常→ 燃油压力时高时低

正常 ↓

配气正时检查 —不正常→ 气门正时偏差与VVT–I故障

正常 ↓

故障排除完成

任务 3.1　发动机启动系统不工作故障分析与维修

▷**工作情境与任务**

　　根据本项目情境描述，启动发动机，启动机不工作，仪表盘发动机故障灯没有显示，连接解码器，无法与发动机 ECU 建立连接，据此分析故障原因，与客户进行沟通，参考维修资料，排除故障，为客户今后使用提供建议，检验合格后交付车辆。

故障现象

▷**任务目标**

　　(1)熟悉发动机 ECU 的工作原理。

　　(2)掌握发动机 ECU 检测与更换操作。

　　(3)熟悉启动系统的工作原理。

　　(4)掌握启动系统的检测与更换操作。

▷**任务分析**

　　根据故障现象和"故障分析思维图"分析，启动系统不工作有可能是启动系统故障引起的，"无法与发动机 ECU 建立连接"，有可能是 ECU 系统故障引起的，因此根据"故障维修思维图"，先进行 ECU 的故障诊断排查工作，再进行启动系统的排查工作。

3.1.1　必备知识与原理

一、主要知识点

　　(1)车辆正常启动应具备的条件。

　　(2)发动机 ECU 组成与工作原理。

　　(3)发动机 ECU 的供电与搭铁线路。

　　(4)发动机 ECU 的检测方法。

　　(5)发动机 ECU 的更换方法。

　　(6)启动系统控制原理。

　　(7)启动系统的检测方法。

　　(8)发动机启动机的更换方法。

二、车辆正常启动应具备的条件

　　正常车辆要启动，主要需要满足以下几个条件：

　　(1)准确的点火时间和足够的点火能量。这部分主要受发动机点火系统的控制，主要容易出现的问题集中在火花塞和点火线圈上。

　　(2)合适的空燃比(空气和燃油的比例)。这部分是由燃油供给系统及进气系统保证的，主要容易出现的问题集中在喷油器和供油系统上。

（3）启动机是否正常工作。这部分由启动系统决定，主要容易出现的问题集中在启动机上。

（4）合适的气缸压力。这部分的性能好坏主要取决于发动机的机械系统，经历过大修和使用年限较长的车辆容易出现该类故障。

（5）防盗系统故障等。

三、发动机 ECU 组成与工作原理

ECU 全称为 Engine Control Unit 和 Electronic Control Unit，即发动机控制单元和电子控制单元，也有称作 ECM（Engine Control Module），发动机控制模块，本任务讲解发动机控制单元，特指电喷发动机的电子控制系统。ECU 通过发动机的转速、空气流量、水温、机油压力等参数，控制燃油数量（定量）、喷油时刻（定时），以及点火时间，从而控制发动机的运行。

ECU 即是通过各种传感器来计算车辆的行驶状况，从而对发动机的点火、空燃比、怠速、废气再循环等多项参数进行控制。ECU 设计的损坏概率非常小，其工作温度在 $-40\sim80\ ℃$，能够承受较大的振动。ECU 还有故障自诊断和保护功能，当系统产生故障时，它还能在存储器中自动记录故障代码，并采用保护措施从上述的固有程序中读取替代程序来维持发动机的运转，使汽车能开到修理厂。

ECU 和普通的单片机一样，由微处理器、存储器、输入/输出接口、模数转换器及整形、驱动等集成电路组成。主要给各传感器提供参考电压，接收传感器的输入信号，分析计算后产生输出信号送至执行器。由输入回路、A/D 转换器、微处理器和输出回路四部分组成，如图 3-1-1 所示。

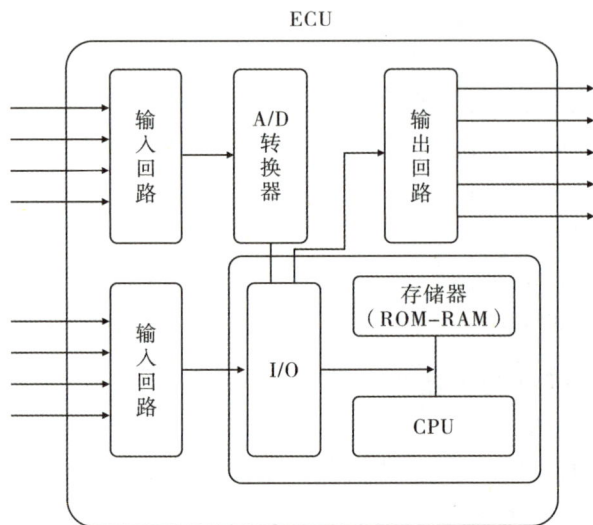

图 3-1-1　发动机 ECU 基本控制原理示意图

汽车电子控制系统包括硬件和软件两部分,硬件有电子控制单元(Electronic Control Unit)及其接口、传感器、执行机构、显示机构等;软件存储在 ECU 中支配电子控制系统完成实时测控功能。汽车上的大部分电子控制系统中的 ECU 电路结构大同小异,其控制功能的变化主要依赖于软件及输入、输出模块的功能变化,随控制系统所要完成的任务不同而不同。发动机电控单元实物图及组成结构示意图如图 3-1-2 所示。

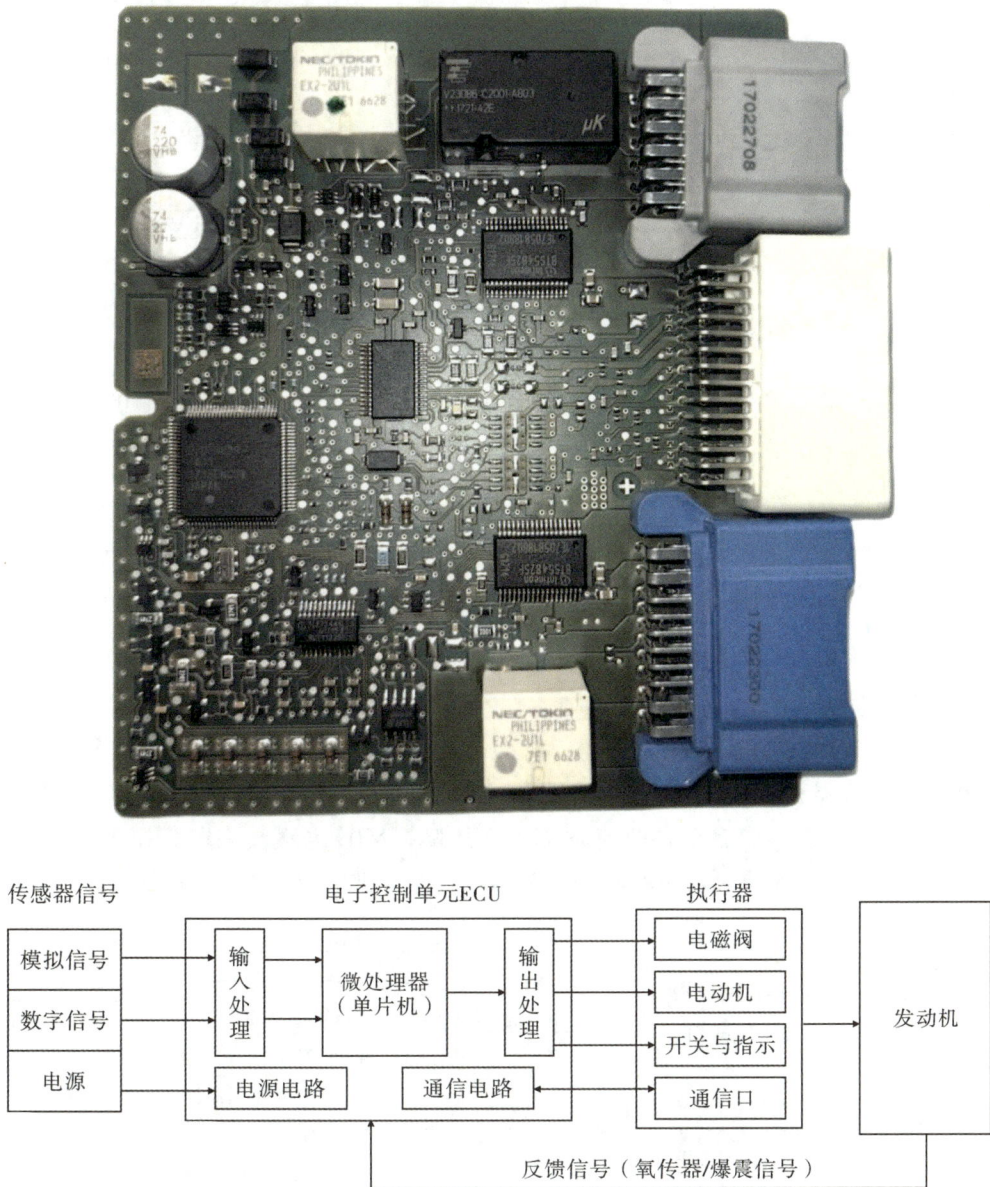

图 3-1-2 发动机电控单元实物图及组成结构示意图

四、发动机 ECU 的供电与搭铁线路

ECU 电源电路，主要分为两部分。

一部分是电源电路，也称作外部电源电路，如图 3-1-3 所示，在点火开关被转到 ON 时，蓄电池电压被施加在 ECU 的 IGSW 端子上。ECU 的 MREL 端子所输出的信号使电流通向线圈，闭合发动机室 J/B（EFI 继电器）的触点，从而向 ECM 的 +B 或 +B2 端子供电。

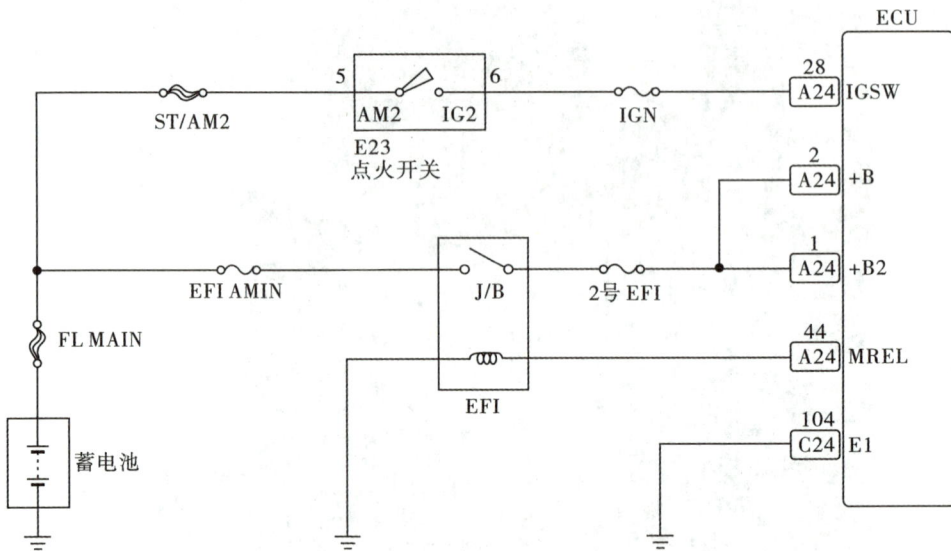

图 3-1-3 丰田 1AZ-FE ECU 电源电路示意图

另一部分称为 VC 输出电路（图 3-1-4），ECU 从蓄电池电压持续生成 5 V 电源，提供给 +B（BATT）端子以运行微处理器。ECU 也通过 VC 输出电路向传感器供电。由于 ECU 内的微处理器和传感器由 VC 电路供电，因此当 VC 电路短路时，微处理器和传感器被停用。此时，系统不能启动，即使系统出现故障，MIL 也不会亮起。在正常情况下，将点火开关先转到 ON 位置，MIL 将亮起数秒钟，发动机启动后 MIL 熄灭。

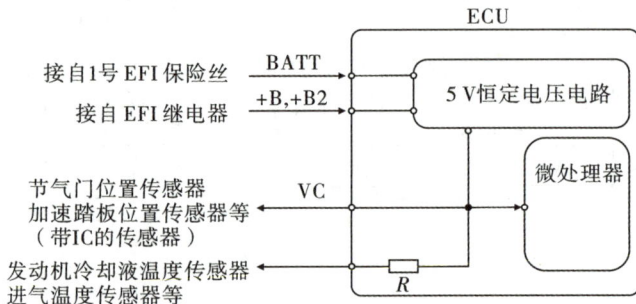

图 3-1-4 1AZ-FE VC 电路示意图

发动机 ECU 通常包含 3 条基本搭铁电路，即传感器搭铁、执行器搭铁、ECU 搭铁电路。发动机 ECU 有 E01、E02、E1、E2、E21 等搭铁端子。发动机 ECU 搭铁端子及搭铁位置如图 3-1-5 所示。

E1 是发动机 ECU 的搭铁端子，通常接在发动机进气室附近。

发动机 ECU 的 E2 和 E21 端子是传感器搭铁端子，与 ECU 内部电路中的 E1 端子相连。通过外部搭铁使传感器搭铁电位与发动机 ECU 搭铁电位有相同值，以防止传感器探测电压值产生误差。

发动机 ECU 的 E01 和 E02 端子是执行器搭铁端子，用于喷油器、怠速控制阀、空燃比传感器、加热器等执行器的搭铁。与 E1 端子一样，它们都连接在发动机进气室上。

当 ECU 搭铁电路 E1 出现故障时，ECU 不工作，传感器无电压；传感器搭铁电路 E2 出现故障时，传感器信号错误；执行器搭铁电路 E01、E02 出现故障时，执行器不工作。

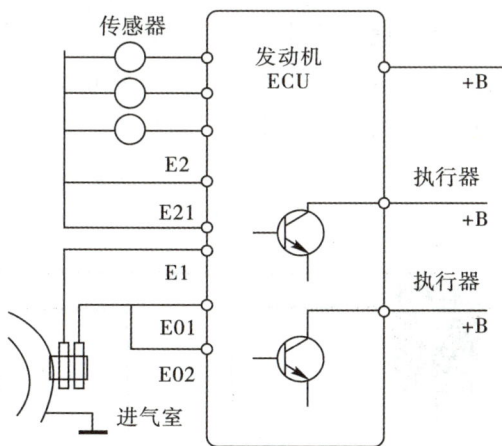

图 3-1-5　ECU 搭铁电路示意图

五、发动机 ECU 的检测方法

维修中快速检测发动机 ECU 供电与接地的方法：

(1)拔掉水温传感器插头，然后打开点火开关，分别测量水温传感器的 2 根线或者 3 根线，检测是否有 5 V 电压，有则为水温信号线电压，说明发动机电脑板在工作，证明发动机电脑板的电源接地正常(部分车型拔掉水温传感器插头测量到的信号线电压是 3.3 V)。

(2)如果测量到水温传感器信号线电压高于 5 V 或者 3.3 V，说明发动机电脑板的接地有可能存在虚接。

（3）如果测量到水温传感器信号线电压低于 5 V 或者 3.3 V，说明发动机电脑板的 30 电源和 15 电源有可能存在虚接。

六、发动机 ECU 的更换方法

更换发动机 ECU 之前，首先要对车辆的年款、厂家、型号、发动机排量、发动机 ECU 上的 OEM 零件号进行识别，检查所有的传感器工作是否正常、蓄电池的电压是否正常、搭铁是否良好，拆卸旧发动机 ECU 和安装新发动机 ECU 之前，都应断开蓄电池负极。装好发动机 ECU 并重新连接好线束后，再重新接上蓄电池。更换发动机 ECU 后，大多数车型必须将 ECU 与发动机进行匹配。许多发动机 ECU 在安装后或断开电源后，必须要经过"再学习"过程。蓄电池断开后，一些车型要经过特定程序才能建立基本急速，其他车型只需经过短时期的驾驶让 ECU 自我调节，可根据维修手册的具体要求进行匹配。

七、启动系统控制原理

如图 3-1-6 所示，启动时接通启动开关，电磁开关的吸引线圈和保持线圈通电，吸引铁芯左移，并通过驱动杠杆使齿轮移出与飞轮齿圈啮合。与此同时，由于吸引线圈的电流通过电动机的绕组，电枢开始缓慢转动，齿轮在旋转中移出，减小冲击。如果齿轮与飞轮齿端相对，不能马上啮合，此时弹簧压缩，当齿轮转过一个角度后，齿轮与飞轮迅速啮合。

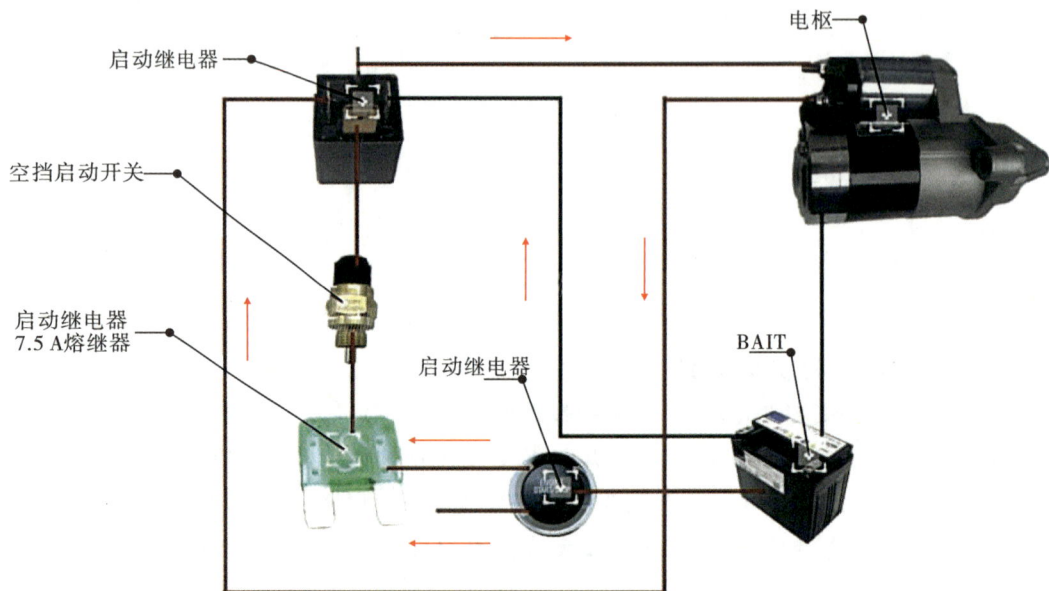

图 3-1-6　启动系统控制原理

当铁芯移动到使启动机主电路开关闭合的位置时，吸引线圈被短路，失去作用，保持线圈所产生的磁力足以维持铁芯处于开关吸合的位置。特别值得注意的是启动继电器，在现代车辆中，该部分往往与防盗模块、发动机控制模块及其线路等联系在一起，防盗系统在完成系统匹配工作后，才会允许启动继电器的控制端接通，否则无法进行启动工作。

八、启动系统的检测方法

通常启动机上主要有"30""50""C"三个引脚。"30"端子是直接连接电源供电线的端子；"50"端子是控制端子；"C"端子是连接启动机励磁线圈绕组的中间连接端子，因此不与其他外部端子相连接，直接连接到启动机直流电动机内。将点火开关拨动到启动挡位，测量"30"端子电压不应低于8 V，测量"50"端子电压不应低于8 V，如果出现电压低于标准值，或者无电压的情况，则应检查蓄电池电压是否正常（启动时蓄电池电压不应低于9.6 V），或启动系统控制线路是否存在断路、虚接等情况。

为快速判断启动机故障情况，通常对启动机进行不解体检测，主要有以下四个检测项目。

(1)进行牵引测试。

从端子C上断开引线，如图3-1-7(a)所示，将蓄电池连接到电磁开关上。检查离合器小齿轮是否向外移动。如果离合器小齿轮不能向外移动，则更换维修服务启动组件。

(2)进行保持测试。

在进行牵引测试的条件下，从端子C上断开负极（一）端子导线，检查小齿轮是否留在外面(图3-1-7(b))。如果离合器小齿轮向内移动，则更换维修服务启动组件。

(3)检查离合器小齿轮回位。

断开启动机体上的负极（一）导线，检查离合器小齿轮是否向内移动(图3-1-7(c))。如果离合器小齿轮不能向内移动，则更换维修服务启动组件。

(4)进行无负荷性能测试。

用螺母将励磁线圈连接到端子C上，确保导线没有接地，用台钳夹住启动机。如图3-1-7(d)所示，将蓄电池和安培表连接到启动机上。离合器小齿轮外移时，检查启动机旋转是否平滑和稳定。检查安培表读数是否为规定电流，如果结果不符合规定，则需大修启动机总成（规定数值在11.5 V，90 A或以下）。

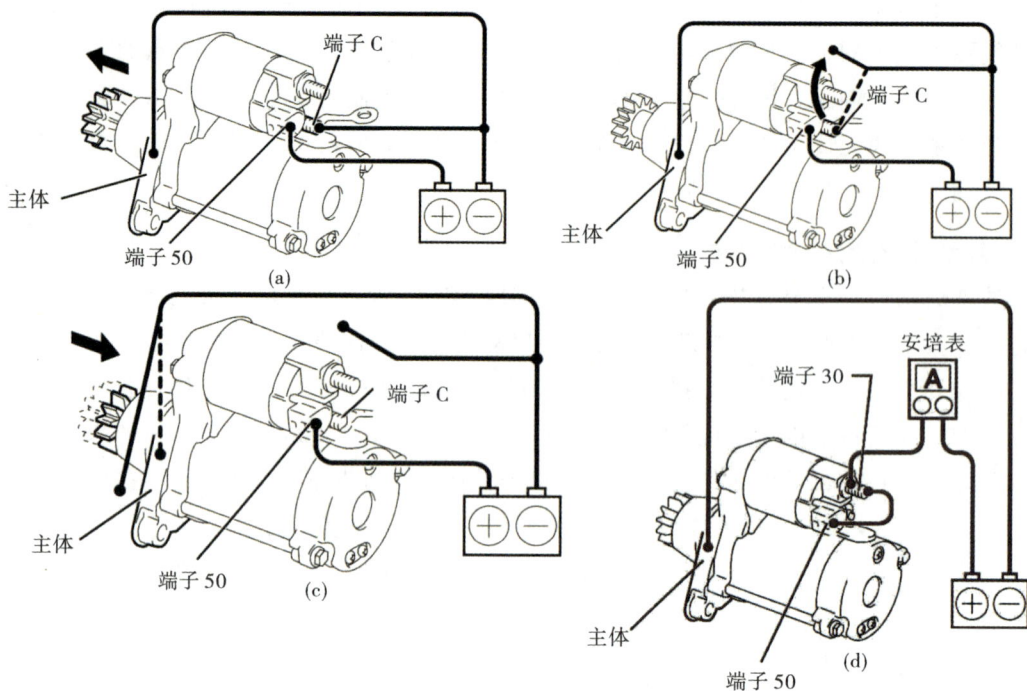

图3-1-7 启动机端子示意图

九、发动机启动机的更换方法

从车上拆卸启动机前，应先关闭点火开关，然后将蓄电池的搭铁线拆除，再拆除电磁开关上的蓄电池正极线。尤其是电脑控制发动机的车辆更要注意这一点。避免用锤子、扳手等工具敲击启动机，以免零部件损伤。

在安装启动机时，应先连接电磁开关上的蓄电池正极线，再接上蓄电池的正极线、负极线。接蓄电池正、负极线之前要确保点火开关处在关闭状态，这是保护车上电子装置的必要措施。

3.1.2 任务案例车辆分析与故障维修

一、故障现象查看总结

1. 望

发动机启动系统不工作
故障分析与维修

2. 闻

_____

_____

_____

3. 问

_____

_____

_____

4. 切

_____

_____

_____

二、故障本质原因分析(诊)

根据知识与原理的学习,分析造成"无法与发动机 ECU 建立连接"现象的原因,很有可能是发动机 ECU 没有工作,可进一步通过观察发动机故障指示灯是否亮起,如果没有亮起证明 ECU 没有工作,可先利用所学知识,进行发动机 ECU 的检测,确定 ECU 供电、接地线路是否有问题,对迈腾 B8 ECU 线路进行分析与检测,进一步对迈腾 B8 启动系统线路进行分析与检测。

三、迈腾 B8 发动机 ECU 线路分析

发动机控制单元供电电路分两路:

(1)发动机控制单元 J623 由蓄电池通过 SB17 保险丝至 T91/86 端子直接供电,并通过 T91/1 和 T91/2 端子接地后构成回路。

(2)当 J271 主继电器闭合接通时,发动机控制单元 J623 由蓄电池经过 J271 并通过 SB3 保险丝至 T91/5 和 T91/6 端子直接供电,并通过 T91/1 和 T91/2 端子接地后构成回路。

迈腾 B8 启动原理示意图如图 3-1-8 所示。

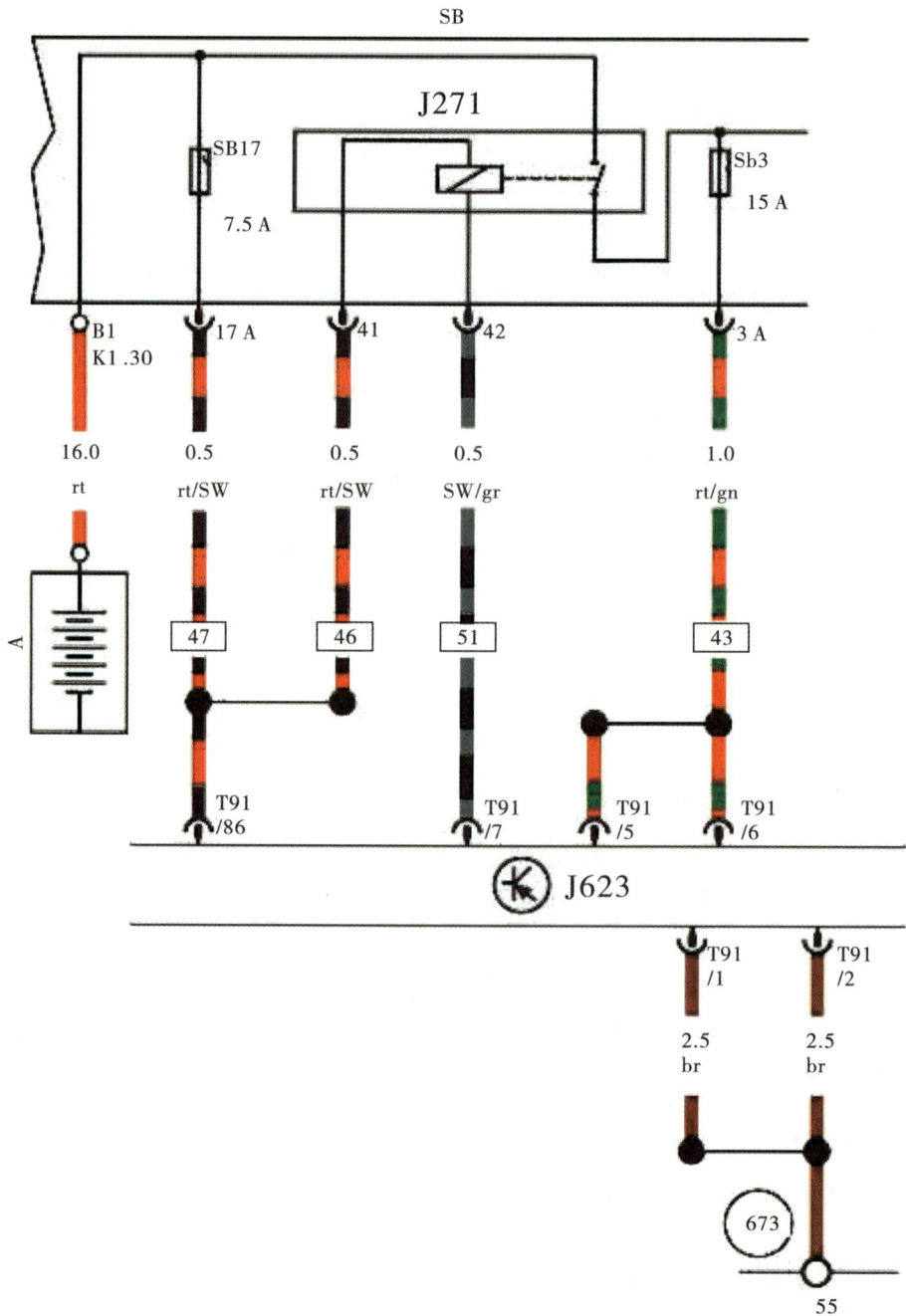

A—蓄电池；J623—发动机控制单元；J271—主继电器；SB—保险丝架 B；SB3—保险丝架 B 上的保险丝 3；SB17—保险丝架 B 上的保险丝 17；673—左前纵梁上的接地点 3。

图 3 - 1 - 8　迈腾 B8 启动原理示意图

四、迈腾 B8 发动机启动系统线路分析

迈腾 B8 发动机启动系统在 J623 模块本身、供电和 CAN 通信都正常工作的情况下，启动机工作需要满足以下四个条件：(1)启动电源电路正常；(2)挡位处于驻车挡(P 挡)或空挡(N 挡)的位置；(3)制动踏板被踩下；(4)有启动请求信号。

启动电路的控制分为两部分，一部分是 J519 控制 J329 向启动电路供电(J906 和 J907)，这部分在点火开关打到 ON 挡时实现；另一部分是 J623 控制 J906 和 J907 的 81 号端子搭铁使启动电路形成闭合回路，这部分在点火开关打到启动挡且满足启动条件时实现，迈腾 B8 具体控制电路如图 3-1-9 所示。

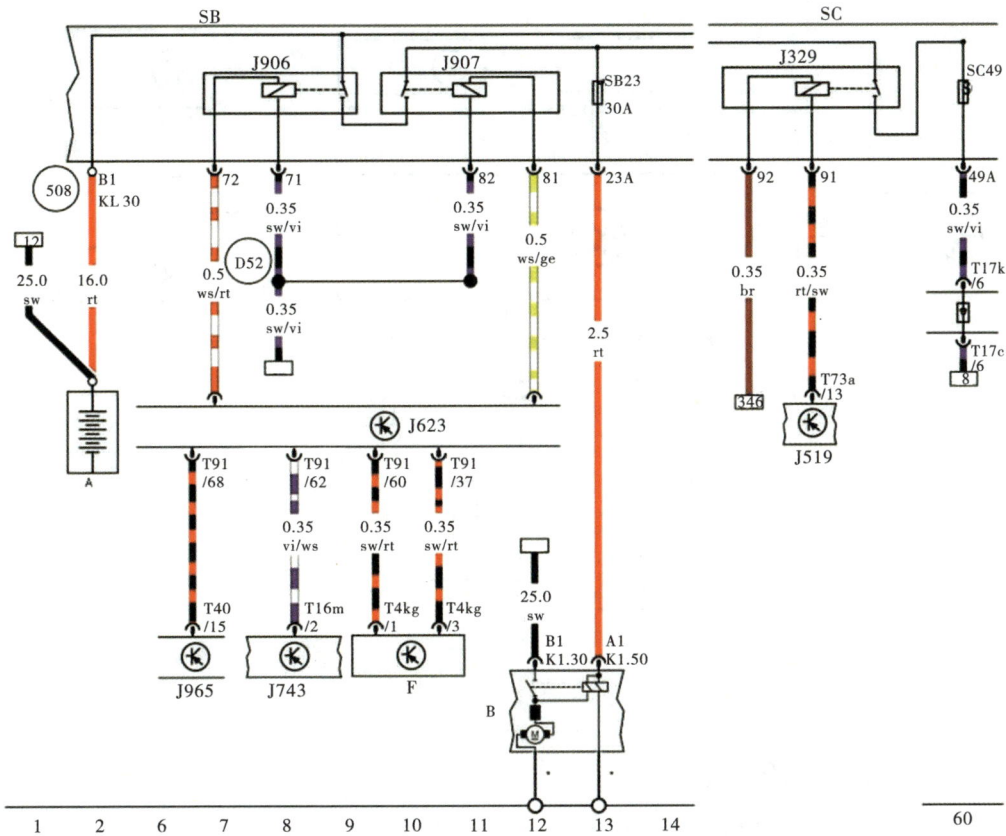

A—蓄电池；B—启动机；J623—发动机控制单元；J906—启动机继电器 1；J907—启动机继电器 2；J965—进入及启动系统接口；J743—双离合器变速箱机电装置；J329—接线端 15 供电继电器；J519—车载电网控制单元；SB—保险丝架 B；SB23—保险丝架 B 上的保险丝 23；SC—保险丝架 C；SC49—保险丝架 C 上的保险丝 49；(508)—螺栓连接(30)，在电控箱上；(D52)—正极连接(15a)，在发动机舱导线束中。

图 3-1-9　迈腾 B8 启动系统电路图

迈腾 B8 启动原理如图 3－1－10 所示，车辆成功解锁并按下启动按钮时，J965 向 J623 发出启动请求信号(通过端子 T40/15 和 T91/68)，J623 接收到启动请求信号后，开始判断挡位和制动是否满足启动要求，即来自于 J743 的挡位信号(通过端子 T16 m/2 和 T91/62)是否为低电平(在 P 挡或 N 挡位置时挡位信号为低电平)；来自制动信号灯开关 F 的信号(通过端子 T4gk/1 和 T4gk/3)是否表示制动踏板已被踩下。当挡位信号和制动信号同时满足启动要求时，J623 控制启动继电器 J906 和 J907，使两者同时吸合，启动电源电路导通，电流从蓄电池流经 J906、J907 和 SB23 至启动机端子 50，使得启动机工作，从而带动发动机运转。

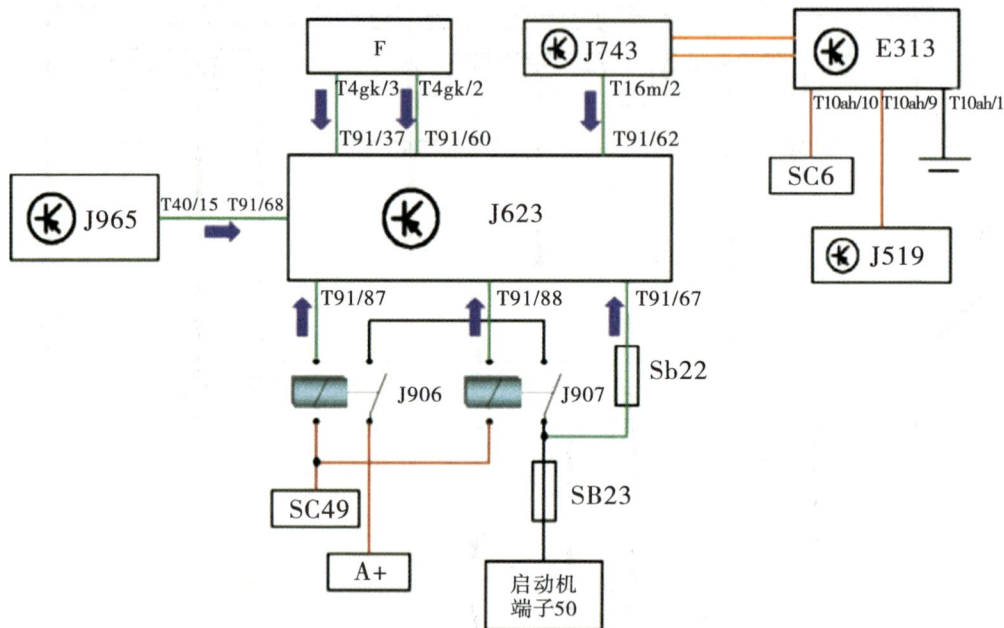

图 3－1－10　迈腾 B8 启动原理示意图

五、故障本质原因确定(断)

1. 依据电路图，绘制故障分析树

2. 依据故障分析树，确定可能的故障点

(1)_____

（2）_____

（3）_____

（4）_____

六、实施解决故障问题（治）

1. 根据可能的故障点绘制实施流程图

2. 记录实施步骤

（1）_____

（2）_____

（3）_____

（4）_____

（5）_____

（6）_____

七、任务完成检查

1. 启动情况检查

是否能正常启动。　　　　是□　否□

2. 车辆恢复状况检查

拆装部件是否恢复原状。　是□　否□

3. 车辆整理清洁检查

是否整理清洁车辆。　　　是□　否□

4. 工具检查整理

工具清点是否完成。　　　是□　否□

5. 新故障检查

是否有新故障。　　　　　是□　否□

八、维修总结

1. 故障原因

_____

_____

_____

2. 维修方案

_____

_____

_____

3. 采取该维修方案的原因

_____

_____

_____

_____

4. 维修结果

_____

_____

_____

_____

九、保养维护建议

_____

_____

_____

_____

_____

3.1.3　知识拓展

一、技能竞赛类车型发动机 ECU 控制原理分析

丰田发动机 ECU 电源系统示意图如图 3 - 1 - 11 所示，在正常情况下，蓄电池经 FL MAIN 保险丝、P/I 保险丝、EFI MAIN 保险丝，与 ECU 的 BATT 引脚连接，为 ECU 供电。当点火开关 E4 接通时，电流经 FL MAIN 保险丝，流经点火开关 E4，从 IG NO.2 保险丝和 IG2 继电器接地，IG2 继电器工作，此时电流从正极出发，经 FL MAIN、P/I、IG2、IGN 保险丝，与发动机 ECU 的 IGSW 引脚接通供电，当 IGSW 引脚接通供电时，MREL 引脚输出电流，EFI MAIN 继电器工作，电流从正极经 FL MAIN、P/I、EFI MAIN、EFI NO.1 保险丝与＋B 和＋B2 引脚连接供电。

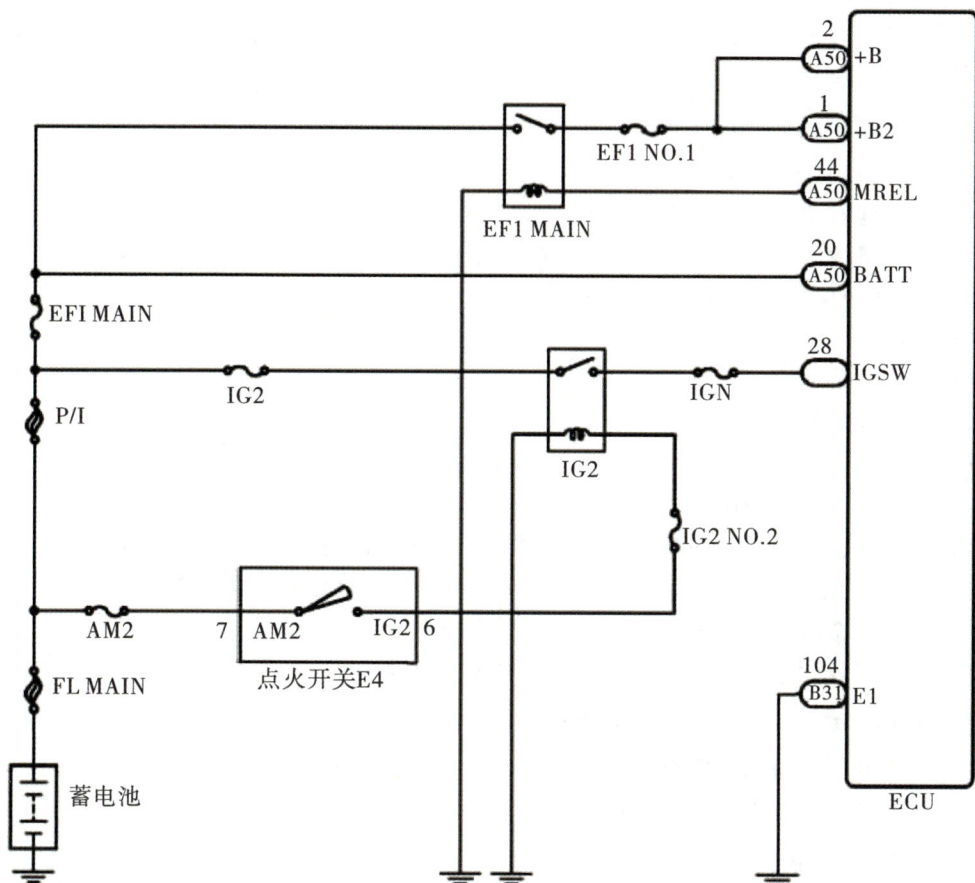

图 3 - 1 - 11　丰田 ECU 电源电路示意图

二、知识补充

1. ECU 常见的故障引起原因

1）ECU 受潮、进水

必须在最短的时间内拆下进水的 ECU，擦干净表面浮水，用塑料口袋封闭，用真空机将内部的水分抽干净。不要将 ECU 放入低温烤箱内烘烤，也不要用热风机烘烤 ECU，那样会使水分进入 ECU 电路板内部，造成永久性损坏。ECU 进水后不得继续行驶或重新启动汽车，继续行驶或重新启动汽车可能使进水的 ECU 内部短路。

2）ECU 上喷油器接地线不实（接触不良）导致发动机转速丢转（丢失转速）

ECU 上喷油器接地线不实，导致喷油器接地电阻增大，流经喷油器电磁线圈的电流明显减小，从而使喷油器开阀时间（在触发脉冲加到电磁线圈后，从脉冲开始到针阀形成最大升程状态的时间）延长，数据流上显示的喷油脉宽没有改变，但喷油器的实际喷油量小于正常值，导致混合气偏稀，虽经氧传感器调节，仍无法满足工作需要，于是汽车在中速行驶中有时会出现发动机转速丢转，并会留下与混合气浓度和燃油修正控制有关的故障码。

2. 启动机常见故障现象与原因

1）接通启动开关启动机不转的故障原因

（1）蓄电池亏电、接头松动或接触不良。

（2）启动机原因（开关触点烧蚀、换向器烧蚀、电刷弹簧压力过小或卡死、电刷引线断路、磁场或电枢绕组断路、短路搭铁等）。

（3）启动继电器故障。

（4）点火开关故障。

（5）连接导线故障。

2）启动机运转无力的故障原因

（1）蓄电池亏电或短路使供电不足。

（2）电动机主电路接触电阻增大使工作电流减少（蓄电池搭铁电缆搭铁不实，电池正、负极柱上的端头固定不牢，电动机开关触点与触盘烧蚀，换向器烧蚀等）。

（3）磁场绕组或电枢绕组局部短路使输出功率降低。

（4）发动机装配过紧或环境温度过高导致启动电阻过大。

3. 启动机发出"嗒嗒"声的故障原因

（1）电磁开关保持线圈断路或搭铁不良。

（2）蓄电池严重亏电或内部短路。

三、课后案例探讨

一款迈腾 B8 2.0 轿车，启动车辆，启动机不转，当点火开关处于 ON 挡时，仪表盘显示正常，系统无故障码，仔细听启动时候的声音情况，发现启动机内无触点吸合的声音，启动继电器 J906、J907 均有吸合动作，分析不能启动的故障原因。

四、思维拓展案例

当ECU插头进水氧化后，容易造成插头虚接的问题，针对该故障应如何进行维修？

五、练习题

(1)准确的点火时间和足够的点火能量：这部分主要受发动机点火系统的控制，主要容易出现的故障问题集中在_____和点火线圈上。

(2)汽车电子控制系统：包括硬件和软件两部分，硬件有电子控制单元(Electronic Control Unite)及其接口、传感器、执行机构、_____等。

(3)电源电路中，传统车的ECU一般带有电池和内置电源电路，以保证微处理器及其接口电路工作在_____的电压下。

(4)"30"端子是直接连接电源供电线的端子；"50"端子是_____；"C"端子是连接启动机励磁线圈绕组的中间连接端子。

(5)从车上拆卸启动机前，应先关闭_____，将蓄电池的搭铁线拆除，再拆除电磁开关上的蓄电池正极线。

(6)在安装启动机时，则应先连接电磁开关上的蓄电池_____线，再接上蓄电池的正极线、负极线。接蓄电池正、负极线之前要确保点火开关处在关闭状态，这是保护车上电子装置的必要措施。

(7)现代轿车都采用_____。ECU是整个控制系统的核心，发动机的点火及喷油都受其控制，ECU不能正常工作将导致车辆无点火、无喷油，从而不能启动。

(8)外部电源电压12～14 V转变为恒定的_____电压，为微处理器和传感器提供电源电压。

六、能力拓展

根据本节课的故障分析，尝试查询调研相关配件的价格，为车主做一份服务价格预算。

任务 3.2　发动机启动后熄火故障分析与维修

▷**工作情境与任务**

　　任务 3.1 中的迈腾 B8 在完成了维修后，启动车辆，发动机启动后立刻熄火，无法再次启动，通过解码器查询故障码，显示系统正常，据此与客户进行沟通，参考维修资料，排除故障，为客户今后使用提供建议，检验合格后交付车辆。

▷**任务目标**

　　(1)熟悉发动机点火系统的工作原理。

　　(2)掌握发动机点火系统的检测与维修方法。

　　(3)熟悉发动机燃油供给系统的组成与工作原理。

　　(4)掌握发动机燃油供给系统的检测与维修方法。

▷**任务分析**

　　根据故障现象和"故障分析思维图"分析，任务 3.1 排除了 ECU 与启动系统故障，此时的"无法启动，解码器显示系统正常"，有可能是点火、燃油供给系统故障，因此应先进行点火系统的故障诊断排查工作，再进行燃油供给系统的排查工作。

3.2.1　必备知识与原理

一、主要知识点

　　(1)点火系统的工作原理。

　　(2)点火系统的检测方法。

　　(3)燃油供给系统的组成与工作原理。

　　(4)缸内直喷燃油供给系统的结构与工作原理。

　　(5)燃油供给系统压力检测方法。

　　(6)燃油供给系统部件检测方法。

二、点火系统的工作原理

　　现代车辆中普遍采用独立点火的控制方式，点火系统根据转速传感器提供的发动机转速信号、凸轮轴位置传感器提供的 1 缸上止点信号、油门踏板位置传感器提供的油门踏板位置信号、空气流量计提供的进气量，判定发动机工况、水温传感器提供的冷却液温度、进气温度传感器提供的进气温度等，进行修正，适时、准确、可靠地在气缸内产生电火花，点燃燃油混合气，完成发动机做功。

　　图 3-2-1 为哈弗 M6 Plus 点火系统的工作电路，发动机 ECU 根据接收到的各传感器信号，按存储器中存储的有关程序和数据，确定出最佳点火提前角和通电时间，并以此分别向相应的每一缸点火线圈(P226，P227，P228，P229)发出信号。点火线圈

根据信号指令，控制点火线圈初级电路的导通和截止。当电路导通时，有电流从点火线圈中的初级电路通过，点火线圈将点火能量以磁场的形式储存起来。当初级电路被切断时，次级线圈中产生很高的感应电动势（15～20 kV），直接送至该工作气缸的火花塞（PQ）。火花塞跳火，点燃气缸内的混合气，使发动机做功。

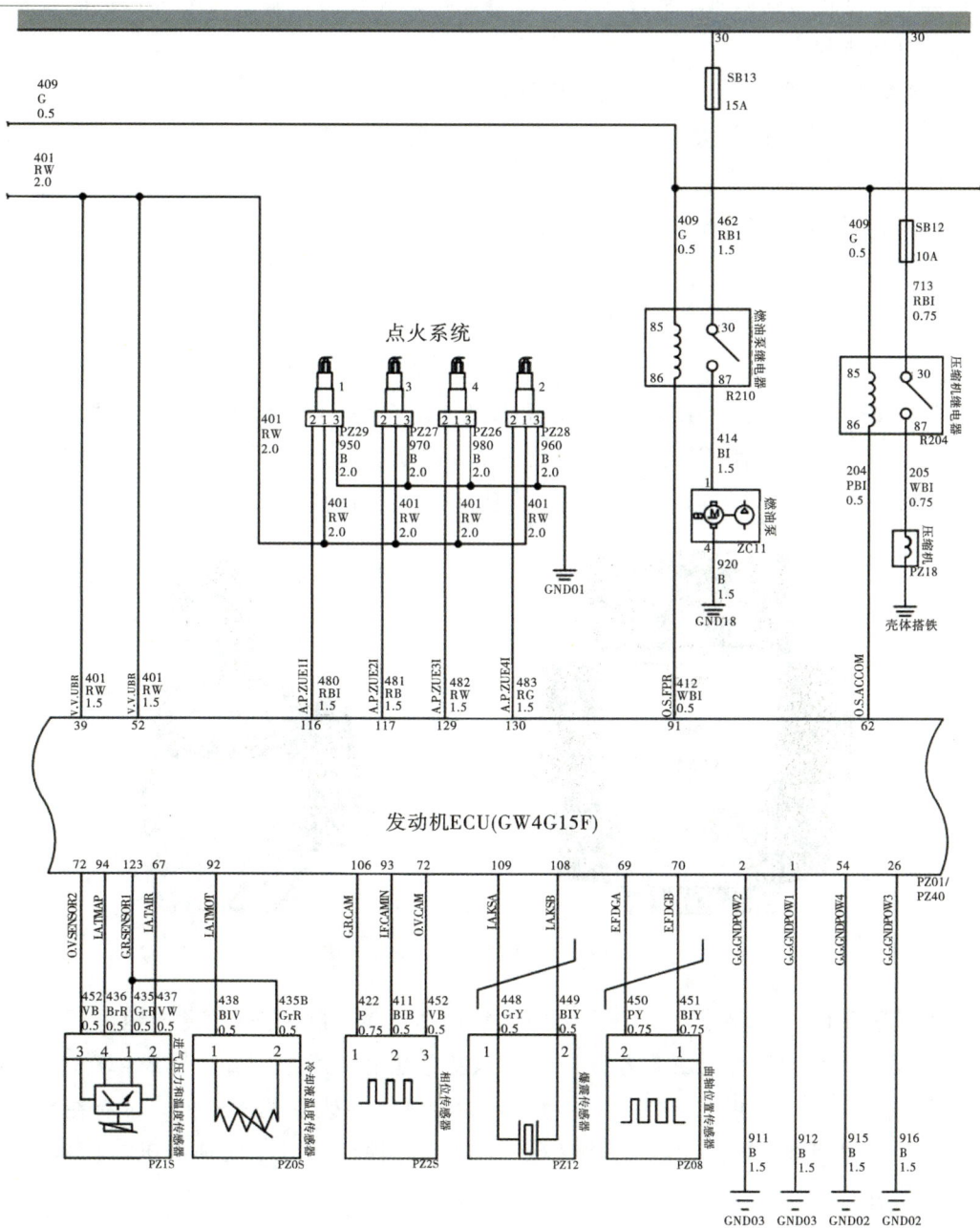

图 3 - 2 - 1　哈弗 M6 Plus 点火系统电路

三、点火系统的检测方法

1. 跳火实验

当火花塞长时间使用时，会因为积碳及火花塞间隙变大等原因导致点火能量不足，从而导致发动机启动困难等故障现象，可以通过跳火实验检查火花塞的点火能量是否正常，具体步骤：

(1)拔下喷油器插头，防止实验时喷油器喷油。

(2)拆下点火线圈与火花塞，将火花塞安装在点火线圈上。

(3)将火花塞搭在发动机气缸盖上。

(4)启动发动机并观察火花塞点火情况。

如果火花塞不点火，或者点火微弱，都证明火花塞工作不良，如果积碳较多可先进行积碳清洁，再测试，不能解决则直接更换。

2. 点火线圈检测

如图3-2-2所示，在发动机熄火状态下，拔下每个点火线圈4芯连接器。打开点火开关至IG挡位，用数字式万用表可以在点火线圈1♯端子与2♯端子之间测得12 V左右的电压，在1♯端子与4♯端子之间测得12 V左右的电压。

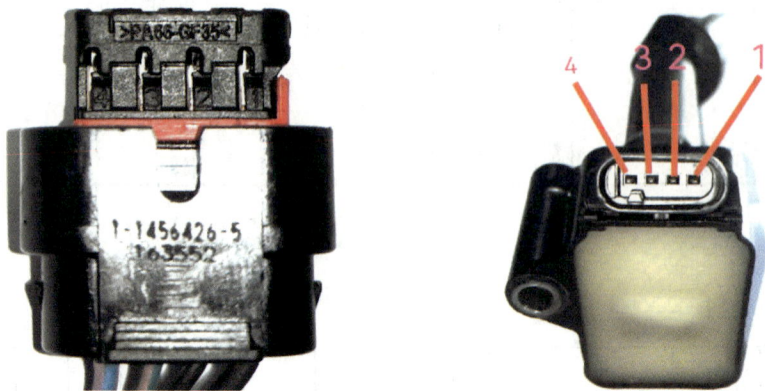

图3-2-2　点火线圈引脚示意图

在实际测量中，1♯与2♯端子之间测得电压约为11.86 V（因蓄电池电压而异）；1♯与4♯端子之间测得电压约为11.86 V（因蓄电池电压而异）。1♯与3♯端子之间测得电压约为6.58 V，但3♯端子对地电压用数字式万用表是测不到的。唯有在发动机启动车后，保持怠速运行，才可以测得每个点火线圈的3♯端子对地电压在0.2～0.35 V不停交变。

如在点火线圈3♯与4♯端子之间并联一个二极管测试灯，在发动机启动状态下，二极管测试灯应该不停地闪烁，否则说明发动机电控系统有故障。

当点火线圈及其线路存在故障时，可以通过诊断仪或示波器进行检测。诊断仪可进入 01 发动机系统调取到相应的故障代码及数据流，图 3-2-3 为别克威朗正常状态下点火系统的主要数据流，而示波器可以测得相应的故障波形，图 3-2-4 为别克威朗正常状态下点火系统的点火波形。通过对比数据流和波形，能够准确捕捉到系统中存在的问题。

排序	名称	结果	单位
🔼	点火1信号	🔹14.60	V
🔼	点火正时	🔻9.00	deg
🔼	5伏参考电压4	🔹5.01	V
🔼	5伏参考电压3	🔹5.01	V
🔼	5伏参考电压2	🔹5.01	V
🔼	5伏参考电压1	🔹5.01	V
🔼	曲轴位置传感器	🔻776	RPM
🔼	点火线圈供电电压	ON	

图 3-2-3　点火系统数据流示意图

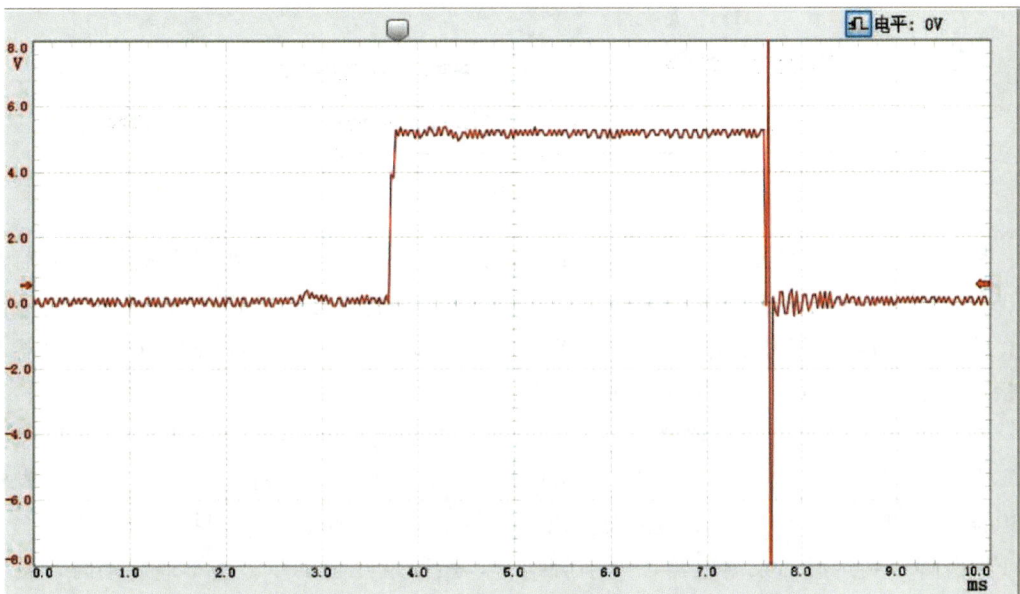

图 3-2-4　点火线圈引脚示意图

四、燃油供给系统的组成与工作原理

如图 3-2-5 所示，燃油供给系统的功用是储存燃油，通过电动汽油泵向喷油器提供足够压力的汽油，喷油器根据来自 ECU 的控制信号，向进气歧管内进气门上方喷射定量的汽油。燃油供给系统由燃油箱、电动燃油泵、燃油滤清器、脉动阻尼器、喷油器、调压器及油管等组成。

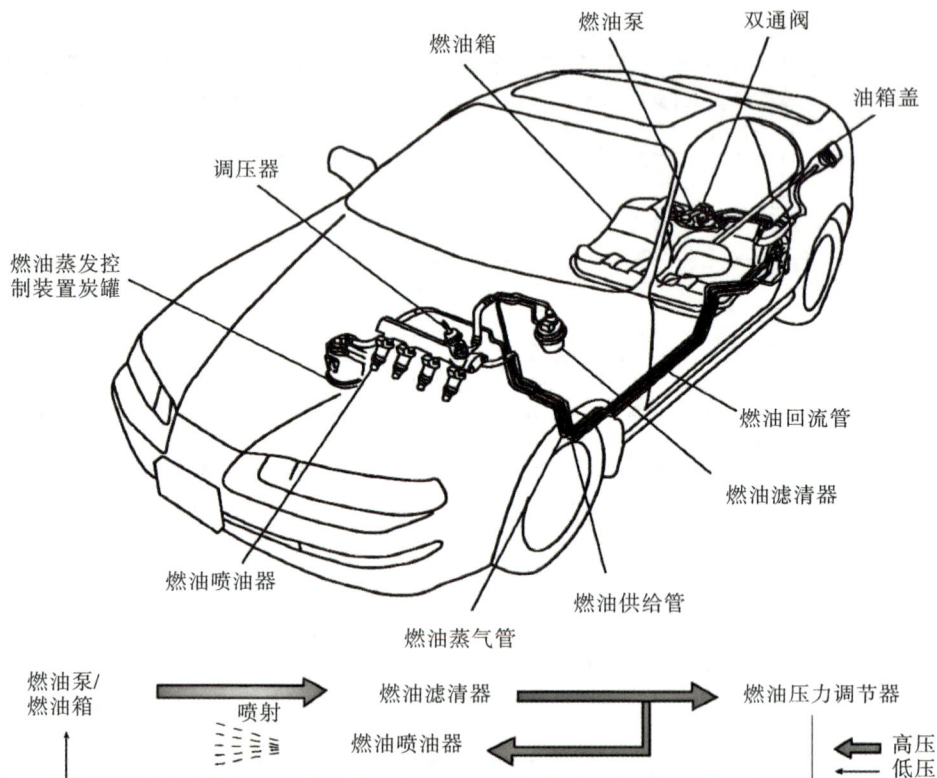

图 3-2-5 燃油供给系统示意图

图 3-2-6 为丰田 1AZ-FE 发动机燃油供给系统，该系统主要依靠燃油泵和喷油器工作。当点火钥匙拨动到 ON 挡时，EFI MAIN 继电器工作，ECU 控制 FC 端子接地，C/OPN 继电器工作，燃油泵开始工作。当启动车辆时，ECU 控制四个喷油器端子接地，喷油器按点火顺序依次喷油。

在车辆准备启动前，车辆挡位在 N 挡或 P 挡，此时启动继电器工作，电流经过 EFL 熔断丝开路继电器工作，发动机 ECU 中 VT1 收到点火信号时，M-REL 引脚输出电流，主继电器工作，电流从正极流出，经主继电器、防盗和门锁控制 ECU 的 +B 和 FP 引脚，到达燃油泵继电器，A 引脚结合，燃油泵开始工作。当车辆启动时，发动机 ECU 控制喷油器按点火顺序依次喷油。

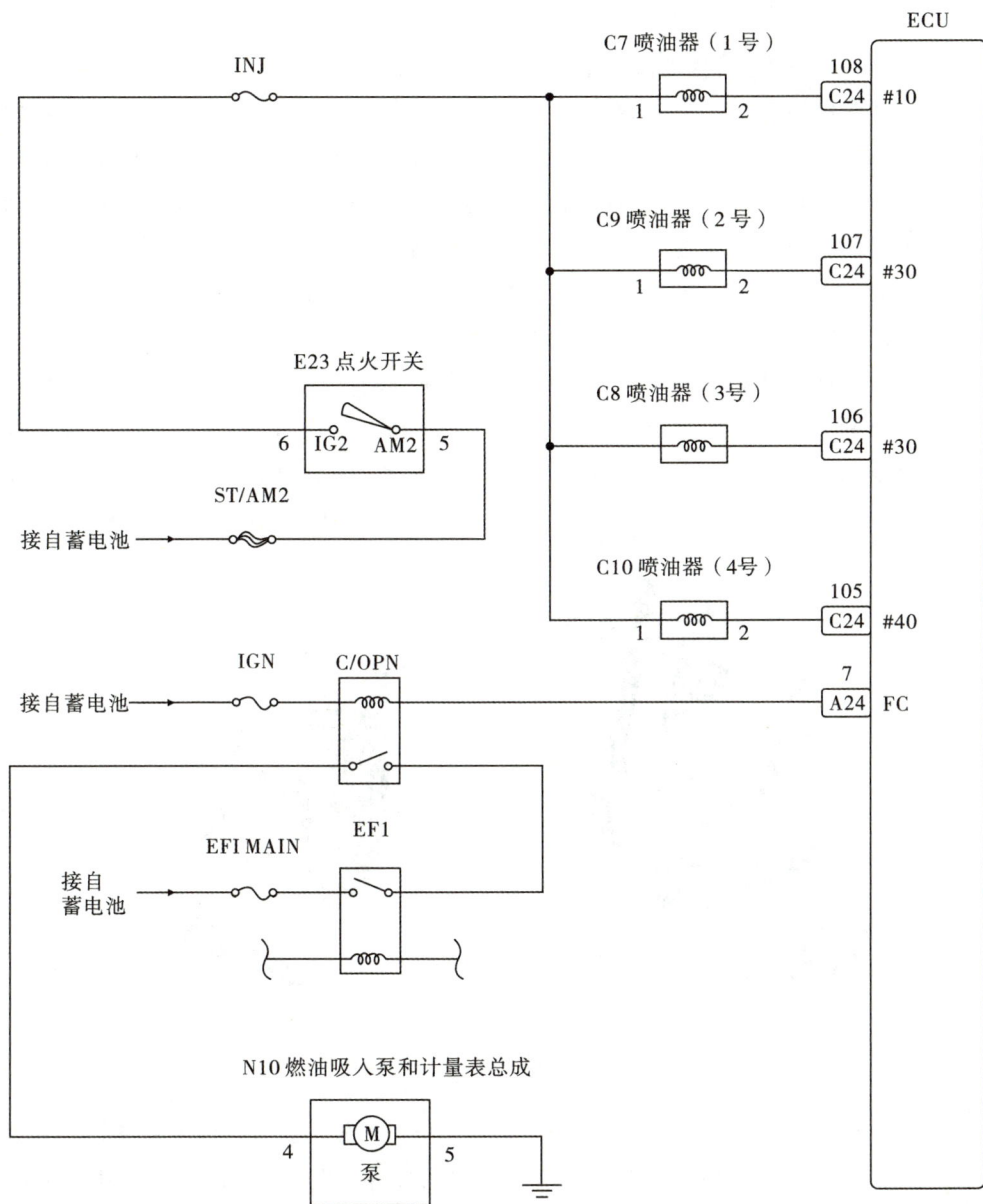

图 3-2-6 燃油供给系统

　　在车辆点火钥匙接通到 ON 挡位，尚未点火的情况下，在接通的瞬间，发动机 ECU 同样会控制燃油泵进行泵油工作，持续 1～2 s 后停止供油，关闭再打开燃油泵不再工作。此时系统主要是为了保证车辆的燃油油路中有稳定的油压，如果关闭点火钥匙较长时间，再重新接通到 ON 挡位，燃油泵仍会重新持续工作 1～2 s，保证油路油压的稳定。目前电控发动机上普遍采用顺序喷油的方式，每个喷油器的喷油时刻和喷油脉宽受到 ECU 的独立控制，保证准确性。

五、缸内直喷燃油供给系统的结构与工作原理

传统的燃油供给系统，喷油器在进气歧管内进行喷射，称为进气歧管多点电喷供油方式 MPI(multi port injection)。为了更大限度地提升燃油经济性，目前缸内直喷技术 FSI(fuel stratified injection)已经得到了普遍应用，图 3-2-7 为缸内直喷发动机机构组成示意图，将喷油嘴设置在进排气门之间，高压燃油直接注入燃烧室平顺高效地燃烧，由于采用了更高压力的燃油供给系统，喷油脉宽变得更窄，在一个压缩冲程可以多次喷油，能够实现分层燃烧和稀薄燃烧等效果，发动机燃效更高。相比较进气歧管内喷射，喷油嘴直接布置在气缸内，所喷的燃油不需要经过进气歧管，不会造成散失。喷油的效果灵敏，需求多少喷多少燃油，大幅度提升节油效果。汽油高压喷注直接在缸内雾化，能降低一定程度的燃烧室温度，降低爆震趋势，对于涡轮增压汽车来说有更显著的效果，因此目前汽车上通常配合使用涡轮增压系统与缸内直喷系统。

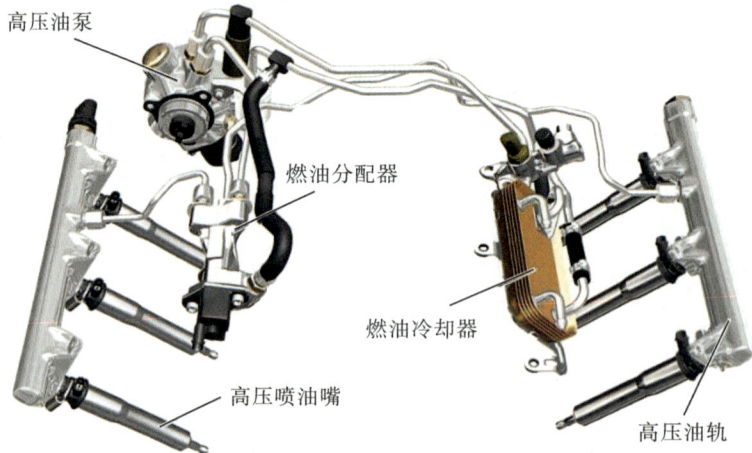

图 3-2-7　缸内直喷发动机机构组成示意图

图 3-2-8 为大众缸内直喷 FSI＋进气歧管 MPI 双喷射系统结构示意图，与普通的进气歧管喷射发动机系统相比，采用了多点喷射喷油嘴和高压喷油嘴两个喷油嘴。结合了 FSI 和 MPI 的优点。低负荷工况时，FSI 结合 MPI 模式工作。根据温度、负荷和发动机转速，系统在各种运行模式之间切换。

缸内直喷系统主要由低压燃油供给系统和高压燃油供给系统两部分组成，图 3-2-9 为大众 2.0 TFSI 发动机燃油供给系统组成示意图。低压系统与 MPI 系统类似，通过油箱中的低压燃油泵将燃油供给给高压泵，供应压力约为 6 bar。为了进一步产生高压燃油，在高压燃油供给系统中，通过由凸轮轴带动高压油泵，其内部通常是通过双头或者三头凸轮加压，实现燃油加压，高压系统中燃油压力约为 50～110 bar(取决于负荷

和转速），经燃油分配管输送到四个高压喷油阀上。

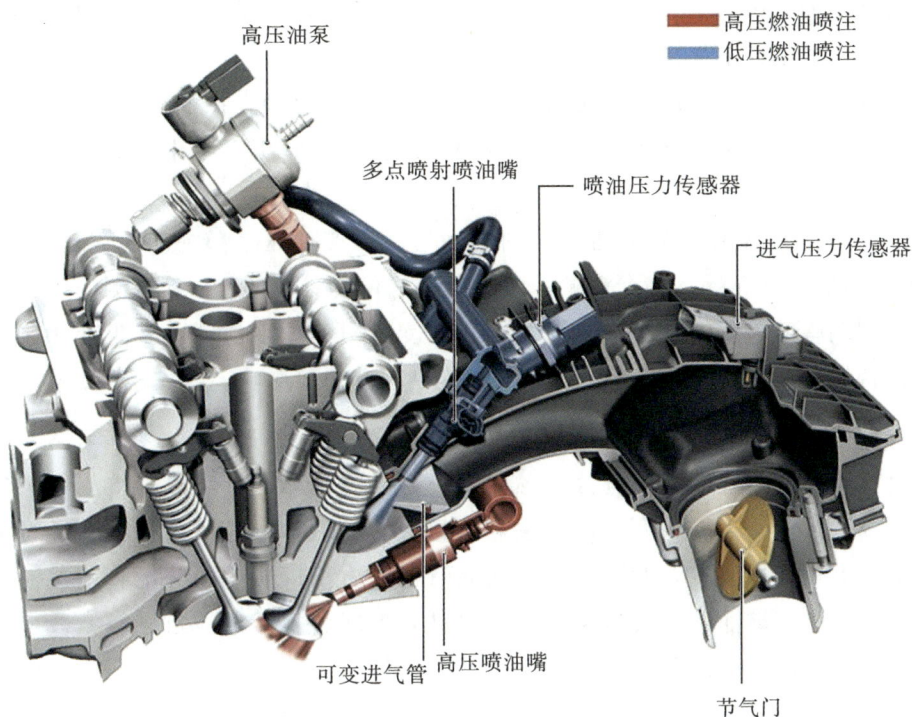

图 3 - 2 - 8　大众缸内直喷 FSI ＋进气歧管 MPI 双喷射系统结构示意图

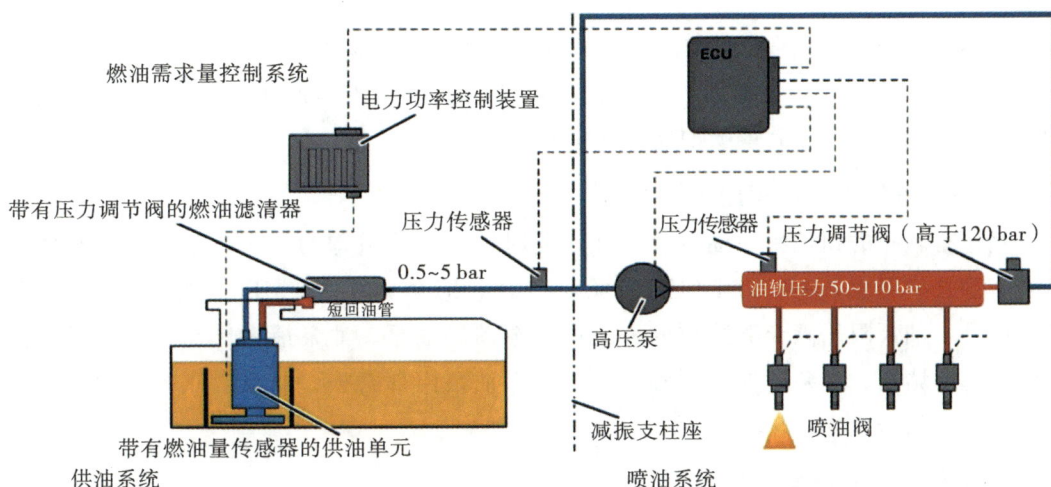

图 3 - 2 - 9　大众 2.0 TFSI 发动机燃油供给系统组成示意图

因为高压力的缘故，燃油喷射的雾化效果更佳，同时对喷油器的要求更高。在低压燃油管路上和高压燃油管路上，有对应的压力传感器，监测燃油压力，提供给 ECU，从而控制高压油泵的工作。

燃油压力调节阀，控制燃油轨内的燃油压力，如果该阀在供油升程结束前启动了，泵腔内的压力就会卸掉，燃油流向泵的吸油一侧，单向阀用于防止燃油分配管内的油轨压力卸掉。

燃油压力传感器用于测量油轨内的燃油压力，燃油压力传感器的测量误差小于2%，该传感器的核心就是一个钢膜，在钢膜上镀有应变电阻，一旦要测的压力经压力接口作用到钢膜的一侧时，由于钢膜弯曲，应变电阻的电阻值就会发生变化。油轨内的压力保持恒定对减少排放、降低噪声和提高功率有重要影响。

六、燃油供给系统压力检测

通过检测燃油系统压力，可诊断燃油系统是否有故障，进而根据检测结果确定故障性质和部位。检测时需用专用油压表和管接头，拆下蓄电池负极搭铁线，安装汽车专用汽油压力表，压力表一般安装在汽油滤清器的出油口或燃油分配管的进油口，带测压口的车辆可将燃油压力表连接至测压口处，重新装复蓄电池负极搭铁线、电动燃油泵继电器和电动燃油泵导线插头。

1. 检测静态油压

拔下电动燃油泵继电器，电动燃油泵继电器供电端子短接；打开点火开关（不启动发动机）使电动燃油泵运转，此时的燃油压力应符合技术要求，一般应在 0.3 MPa 左右摆动。

静态油压偏高多是由回油管变形或油压调节器损坏造成的。静态油压偏低多是由油泵进油滤网脏堵、电动燃油泵内部磨损、电动燃油泵限压阀损坏、汽油滤清器脏堵、油压调节器调压弹簧过软或喷油器喷孔卡滞造成的。

2. 检测油泵最大供油压力

用包有软布的钳子将回油软管夹住，此时油压表读数即为最大供油压力，其值应符合车型技术要求，一般为工作油压的 2～3 倍，即 0.5～0.75 MPa。油泵最大供油压力偏高是由油泵限压阀卡滞造成的，应更换电动燃油泵。油泵最大供油压力偏低是由燃油滤清器堵塞、油泵进油滤网脏堵、电动燃油泵内部磨损、油泵限压阀关闭不严或调压弹簧过软造成的。

3. 检测燃油供给系统保持压力

松开油管夹钳，恢复静态油压，取下油泵继电器跨接线使油泵停止运转，并等待30 min，此时油压表读数即为燃油供给系统保持压力，应符合车型技术规定。保持压力过低是由电动燃油泵止回阀关闭不严、油压调节器回油口关闭不严或喷油器滴漏造成的。保持压力检测完毕后再次复查静态压力，如果静态压力仍然偏低应更换油压调节器。

4. 检测怠速工作压力

发动机怠速运转时油压表的读数即为燃油供给系统的怠速工作压力，一般为0.25 MPa或符合车型技术规定的压力。怠速工作油压偏高多是由油压调节器真空管错装、漏装或漏气造成的，此时应先检视真空管安装是否正确、是否存在漏气部位，必要时予以更换。检测怠速工作压力时，拔下真空管后油压应上升至0.3 MPa，否则应更换油压调节器。

5. 检测急加速压力

急加速至节气门全开时油压表读数即为燃油供给系统的急加速油压，一般急加速时油压应迅速由怠速工作时的0.25 MPa上升至0.3 MPa，或反应符合车型技术规定。若急加速油压无变化，则可能是真空管插在了有单向阀的真空储气罐上（如制动真空系统），应予以恢复。若急加速油压与怠速油压差值小于0.05 MPa，则说明在节气门全开时进气系统仍存在真空节流（如节气门无法开至最大角度），应予以检修。

6. 电动燃油泵供油量的检查

按安全操作规程拆除燃油分配管上的进油管；把拆开的进油管放入一个大号量杯中；用跨接线将电动燃油泵与蓄电池相连，此时电动燃油泵工作，泵送出高压汽油；记录电动燃油泵工作时间和供油体积，供油量应符合车型技术要求。一般经汽油滤清器过滤后的供油量为0.6～1 L/30 s。检测电动燃油泵供油量时，应充分认识此项操作的危险性，操作现场应通风良好、断绝火源并准备好灭火器材。

六、缸内直喷燃油供给系统部件检测

1. 喷油器的检测方法

发动机熄火状态下，分别拔下各喷油器2P连接器，用数字式万用表测量喷油器2个供电端子的电阻值，正常电阻值为1.0 Ω左右。否则，说明喷油器有故障。

通过示波器读取喷油器波形，如图3-2-10所示。

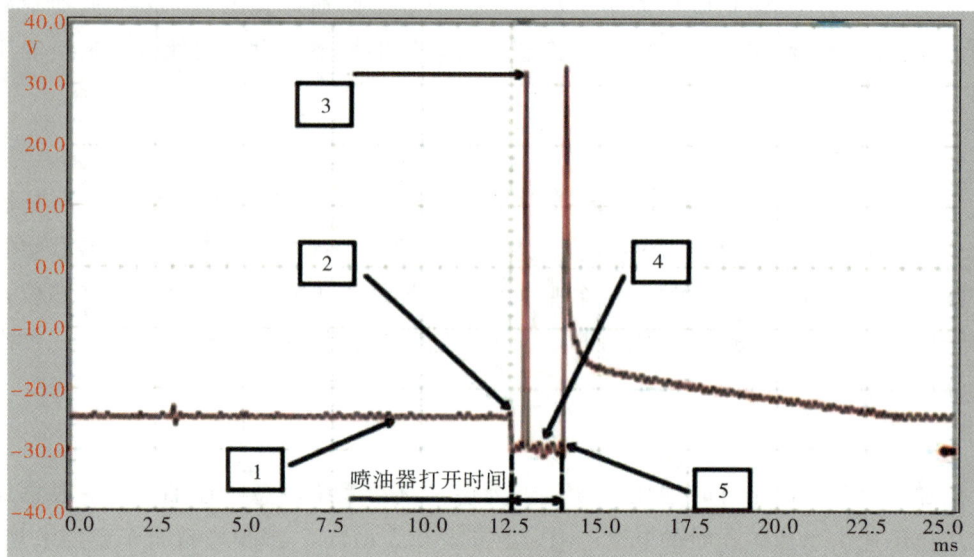

图 3－2－10　喷油器波形示意图

1——此时为控制搭铁线断开状态，测得 5 V 电压。

2——控制搭铁线闭合，电压下降至 0 V。

3——此时控制搭铁线断开，喷油器内线圈磁场减弱，根据楞次定律，产生弥补电压，高至 62 V 左右。

4——线圈电压释放完成，即从 62 V 下降至 0 V，以维持喷油器工作（搭铁仍处于闭合状态）。

5——电脑供电端脉冲电流中止，喷油器停止工作。根据楞次定律，再次产生补充电压，高至 64 V 左右。

2—5——喷油器工作时间。

2. 高压油路泄漏的检测方法

通过诊断电脑，读取高压油泵油压数据流，如图 3－2－11、图 3－2－12 所示。启动怠速读取数据，并记录。然后，10 分钟内，不启动发动机，打开点火开关再读取高压油压数据流，对比压力是上升还是下降，正常情况下，压力是会上升的，如果压力下降，就说明高压油路系统有地方泄压。

排序	名称	结果	单位
▼	燃油喷射器驱动器供电电压	65.20	V
▼	喷油器占空比	0.92	ms
▼	燃油导轨压力传感器	15.14	Mpa
▼	燃油压力传感器	396	kPa
▼	油规压力-期望值	399	deg
▼	燃油导轨压力调节器指令	38.733	
▼	燃油泵启用指令	ON	
▼	5伏参考电压1电路状态	OK	

图 3-2-11 燃油供给系统主要数据流示意图

喷油器-1	喷油器-2	喷油器-3	喷油器-4	退出

⚠ 记录喷油器-3压力降

图 3-2-12 喷油器测试界面

检查喷油嘴泄压：可以将整个油轨拆出来，启动发动机，将高压油轨压力建立起来，等待几分钟，查看发动机直喷喷油嘴是否存在滴油现象，有则要更换全新喷油嘴。也可以将直喷喷油嘴拆出来，如图3-2-13所示，通过气管往喷油嘴里面吹气，查看喷油嘴是否存在漏气现象（为方便观察，可以将喷油嘴放置于水中，查看有无冒泡现象），如果有则说明喷油嘴损坏会漏油，需要更换全新喷油嘴。高压油泵也可以用此方法来检测是否损坏漏油。

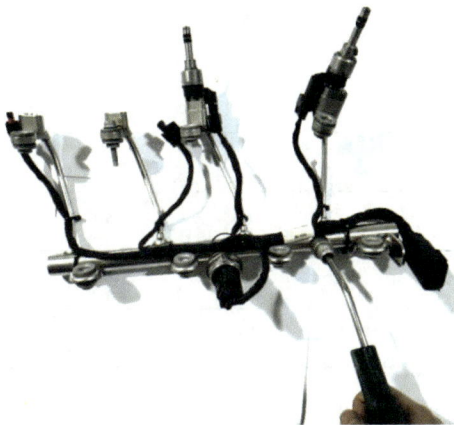

图 3-2-13 喷油器漏油的检测

注意事项：

车辆出现启动困难的时候，首先需要测量油压，保压半个小时，看看油压是不是在正常范围内。如果泄漏很快，就说明有地方在漏油、泄压，或者油泵内部的单向阀坏了。

燃油压力低会导致混合气过稀、加速无力、发动机抖动、启动困难、回火等一系列故障。

燃油压力高会导致混合气过浓、发动机抖动、油耗高、启动困难、排气管放炮、冒黑烟等故障。

油压泄压会导致启动困难、无法启动、混合气过浓、混合气过稀等故障。

3.2.2　任务案例车辆分析与故障维修

发动机启动后熄火
故障分析与维修

一、故障现象查看总结

1. 望

_____

_____

_____

_____

_____

_____

_____

2. 闻

_____

_____

_____

_____

_____

_____

_____

_____

3. 问

_____

_____

_____

_____

_____

_____

_____

4. 切

_____

_____

_____

_____

_____

_____

_____

二、故障本质原因分析(诊)

　　根据知识与原理的学习，分析"汽车启动后立刻熄火，无法启动"现象，很有可能是点火系统或者燃油供给系统的问题，"没有故障码"说明电控系统中的 ECU、传感器、执行器的故障概率较小，"汽车能够启动"说明系统中有可能存在初始燃油，能够完成启动工作，所以排除工作应重点落脚在燃油供给系统上。首先对车辆点火电路进行分析排查，利用"跳火实验"对点火系统进行检查，排查完点火系统后，对车辆燃油供给系统电路进行分析排查。

三、迈腾 B8 发动机点火线路分析

　　如图 3-2-14 所示，驾驶员点火后，发动机控制单元控制组件供电继电器 J757 吸合，蓄电池中的电流通过保险 SB16 对点火系统初级线圈进行供电。发动机控制单元通过曲轴位置传感器 G28、凸轮轴位置传感器 G40(进气凸轮轴)、G163(排气凸轮轴)、爆震传感器 G61 等进行点火正时。发动机控制单元通过针脚 T105/76、T105/79、T105/57、T105/62 连接线控制初级线圈的断开。在次级点火线圈中感应出相应的高压电，高压电通过高压线圈输送到相应的火花塞上，火花塞产生电火花点燃可燃混合气。

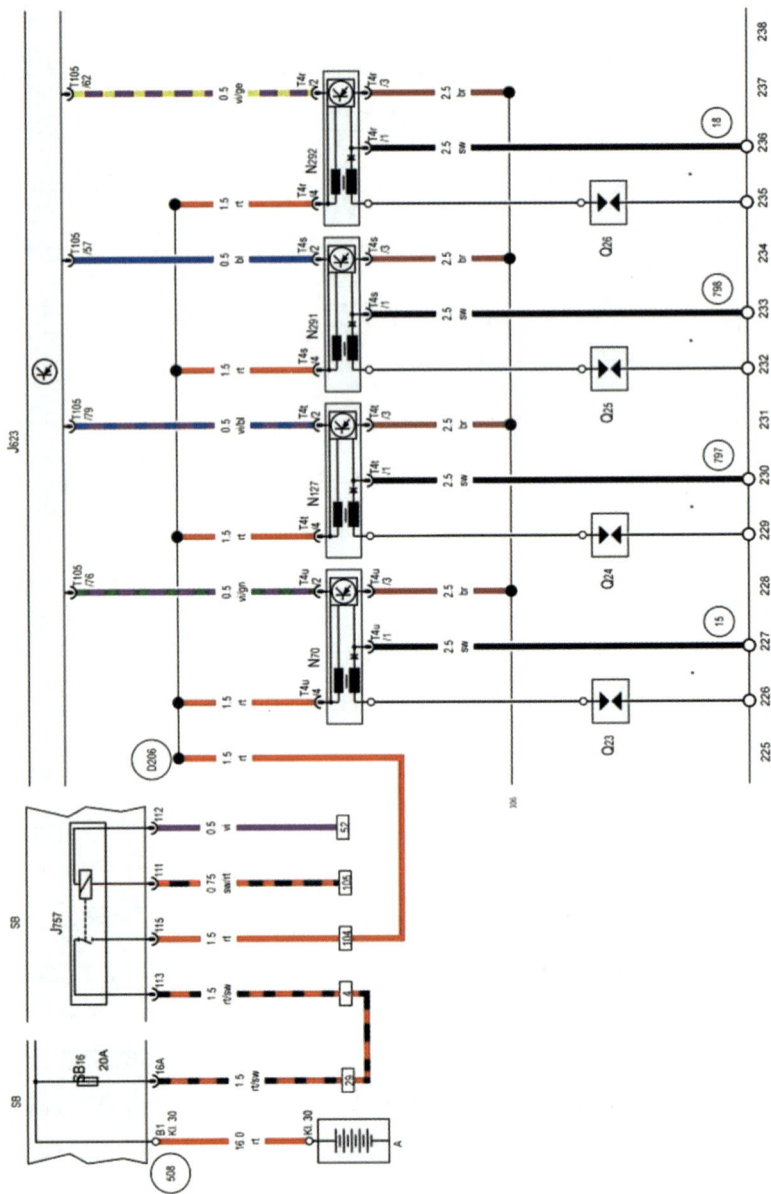

图3-2-14 迈腾B8点火系统电路图

A—蓄电池；J623—发动机控制单元；J757—发动机组件供电继电器；SB—保险丝架B；

SB16—保险丝架B上的保险丝16；N70—带功率输出级的点火线圈1；N127—带功率输出级的点火线圈2；

N291—带功率输出级的点火线圈3；N292—带功率输出级的点火线圈4；Q23—火花塞1；Q24—火花塞2；

Q25—火花塞3；Q26—火花塞4；⑤08—螺栓连接（30），在电控箱上；D206—连接4（87a），

在发动机预接线导线束中。

四、迈腾 B8 发动机燃油供给系统线路分析

1. 燃油泵控制单元 J538 组成

燃油泵控制单元 J538 由车身接地线和主继电器 J271、发动机控制单元 J623、低压油燃油泵 G6 组成。迈腾 B8 燃油系统电路图如图 3-2-15 所示。

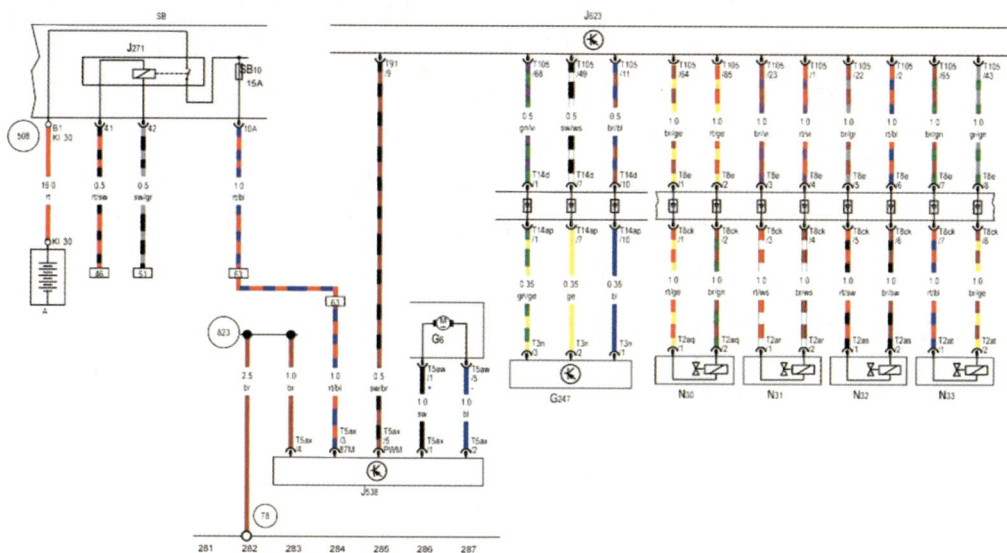

A—蓄电池；J623—发动机控制单元；J271—主继电器；J538—燃油泵控制单元；

G6—低压油燃油泵；G247—燃油压力传感器；N30—气缸 1 喷油嘴；N31—气缸 2 喷油嘴；

N32—气缸 3 喷油嘴；N33—气缸 4 喷油嘴；SB—保险丝架 B；SB10—保险丝架 B 上的保险丝 10；

（508）—螺栓连接(30)，在电控箱上；（823）—接地连接 16，在车内导线束中；

（78）—右侧 B 柱下部接地点。

图 3-2-15　迈腾 B8 燃油系统电路图

2. 燃油泵控制单元 J538 工作原理

燃油泵控制单元 J538 供电路径：主继电器 J271 输出蓄电池电源通过保险丝 SB10 后再供给燃油泵控制单元 T5ax/3，并通过燃油泵控制单元 J538 第 4 号针脚接地后构成回路。只有当燃油泵控制单元接地电源正常了，发动机控制单元才会控制燃油泵控制单元工作，发动机控制单元发出控制信号，经过燃油泵控制单元处理后，再去控制燃油泵的工作状态。

从燃油系统电路图可以看出，在电源和接地线路正常的情况下，燃油泵控制单元接受发动机控制单元的指令，给燃油泵提供驱动电流，使燃油泵开始运转泵油。

3. 低压燃油供给系统组成

迈腾 B8L 的低压燃油供给系统主要由燃油箱、低压油燃油泵 G6、燃油滤清器、燃油压力调节器、进油管、回油管、发动机控制单元 J623 和燃油泵控制单元 J538 组成。

4. 低压油燃油泵控制原理分析

从图 3-2-15 中可以看出，燃油泵控制单元 J538 由蓄电池通过 SB10 保险丝至 J538 的 T5ax/3 端子直接供电，并通过 T5ax/4 端子接地后构成回路。发动机控制单元 J623 T91/9 端子发出的 PWM 控制信号，经燃油泵控制单元 J538 T5ax/5 端子接收处理后，再由 J538 控制低压油燃油泵 G6 动作。

当发动机控制单元 J623 被唤醒后，通过控制线发出 PWM 信号，J538 收到信号后控制低压油燃油泵 G6 实现预供油。当发动机启动时，J623 收到发动机转速信号之后，即控制低压油燃油泵 G6 实现持续供油。

五、故障本质原因确定(断)

1. 依据电路图，绘制故障分析树

2. 依据故障分析树，确定可能的故障点

(1) _____

(2) _____

(3) _____

(4) _____

六、实施解决故障问题(治)

1. 根据可能的故障点绘制实施流程图

2. 记录实施步骤

(1) _____

(2) _____

(3) _____

(4) _____

(5) _____

(6) _____

七、任务完成检查

1. 启动情况检查

是否能正常启动。　　　　是□　否□

2. 车辆恢复状况检查

拆装部件是否恢复原状。　是□　否□

3. 车辆整理清洁检查

是否整理清洁车辆。　　　是□　否□

4. 工具检查整理

工具清点是否完成。　　　是□　否□

5. 新故障检查

是否有新故障。　　　　　是□　否□

八、维修总结

1. 故障原因

_____

_____

_____

2. 维修方案

_____

_____

_____

3. 采取的维修方案解释

_____

_____

_____

4. 维修结果

_____

_____

_____

九、保养维护建议

_____

_____

_____

_____

3.2.3　知识拓展

卡罗拉燃油供给系统

一、技能竞赛类车型发动机 ECU 系统控制原理分析

1. 燃油泵控制线路

燃油泵的控制线路主要由 STA 与 NE 两个信号输送给 ECU，ECU 接收到这两个信号时，接通燃油泵继电器到 ECU 的控制引脚，燃油泵控制线圈通电。

STA 信号：当发动机工作时，点火开关拨动到启动挡位，电流从蓄电池→AM1 7.5A保险丝→白色导线→AE3→A45 A46 连接器→B88 P 挡 N 挡位置开关（手动挡车型为 A5 离合器开关）→ECU STA 引脚，此时 ECU 接收到启动信号。

NE 信号：曲轴位置传感器 NE－与 NE＋给 ECU 输送信号。

控制过程：当 ECU 接收到 STA 信号与 NE 信号时，ECU 的 FC 引脚被控制接地，此时电流从蓄电池→点火开关→IGN 7.5A 保险丝→C/OPN 继电器工作线圈→ECU FC 引脚→ECU 控制接地。

2. 燃油泵工作线路

ECU MREL 引脚输出高电平→EFI MAIN 继电器→A1 接地点；EFI MAIN 继电

器闭合工作，电流从蓄电池→EFI MAIN 20A 保险丝→EFI MAIN 继电器→C/OPN 继电器→L17 燃油泵→L2 接地点，此时燃油泵开始工作。

3. 喷油器工作线路

当点火开关在点火挡位时，电流从蓄电池→点火开关 IG→IG2 NO. 27.5A 保险丝→IG2继电器控制线圈→A46 插接器→A1 接地点，此时 IG2 继电器工作；电流从蓄电池→IG2 15A 保险丝→IG2 继电器→B9、B10、B11、B12 四个喷油器→ECU♯10、♯20、♯30、♯40 四个引脚，ECU 控制四个引脚的接地，实现喷油器的工作。

二、知识补充

汽车燃油系统运行时间一长后，其管路中便会充斥着因燃油氧化形成的积炭、胶质等，受天气等因素影响，水分会难以避免地进入油箱和油路。过多的积炭、胶质等会致使燃油滤清器受到损坏及喷油嘴堵塞，而水分则会导致燃油泵过早磨损，油路中的金属部件被腐蚀。

1. 燃油泵常见故障

安全阀漏油或弹簧失效；单向阀漏油；进油滤网堵塞；电动机烧坏；燃油泵磨损。

2. 喷油器常见故障

电动喷油器胶结、电动喷油器堵塞；电磁线圈或内部线路连接处断路，电动喷油器密封不严；电动喷油器阀口积污。

3. 燃油滤清器常见故障

通常燃油滤清器的更换周期为一年半或四万千米。燃油滤清器常出现松动和四周渗漏现象，所以驾驶员应经常紧固检查以免对汽车行驶造成不便。

三、课后案例探讨

一辆轿车进行首次 6 万千米保养维护，更换了火花塞，随后在行驶的过程中发现，车辆故障指示灯开始闪烁，在怠速时，车辆出现明显的间歇性抖动，行驶过程中出现明显的动力不足。故障码显示 1 缸缺火，根据案例，分析可能的故障原因。

四、思维拓展案例

一辆 2015 款 1.8T 大众途观轿车出现了无法启动的现象，启动系统正常工作，但供油系统不工作，经过检查，供油系统线路均正常，但喷油器、燃油泵及点火系统没有电压信号，维修工甲认为是发动机 ECU 出现了故障，维修工乙认为发动机 ECU 没有出现故障，因为根据诊断仪读取故障码，显示系统正常。请你由此判断该故障存在的问题在哪里。

五、练习题

（1）点火系统根据转速传感器提供的发动机转速信号、凸轮轴位置传感器提供的1缸上止点信号、油门踏板位置传感器提供的油门踏板位置信号、空气流量计提供的_____，判定发动机工况、水温传感器提供的冷却液温度、进气温度传感器提供的进气温度等，进行修正，适时、准确、可靠地在气缸内产生电火花，点燃燃油混合气，完成发动机做功。

（2）燃油供给系统的功用是储存燃油，通过电动汽油泵向喷油器提供足够压力的汽油，喷油器根据来自 ECU 的控制信号，向_____内进气门上方喷射定量的汽油。

（3）燃油供给系统由燃油箱、电动燃油泵、燃油滤清器、_____、喷油器、调压器及油管等组成。

（4）发动机 ECU 同样会控制燃油泵进行泵油工作，持续_____停止供油，关闭再打开燃油泵不再工作。

（5）大众 2.0TFSI 发动机燃油供给系统，与普通的发动机供油系统相比，多了燃油高压泵将燃油箱内的初级油压进行加压，送到油轨上，此时油轨上承受_____的高压，喷油器由 ECU 控制喷射。

（6）燃油压力低会导致混合气过稀、加速无力、_____、启动困难、回火等一系列故障。

（7）点火线圈根据信号指令，控制点火线圈初级电路的_____和_____。当电路导通时，有电流从点火线圈中的初级电路通过，点火线圈将点火能量以磁场的形式储存起来。

（8）当初级电路被切断时，次级线圈中产生很高的_____（15～20 kV），直接送至该工作气缸的火花塞（PQ）。火花塞跳火，点燃气缸内的混合气，使发动机做功。

六、能力拓展

根据本节课的故障分析，尝试查询调研相关配件的价格，为车主做一份服务价格预算。

项目 4

汽车底盘典型故障分析与维修

项目情境描述

一辆行驶 8 万千米的大众迈腾 B8，发生了碰撞事故，经过钣金等维修后，发现车辆启动后出现 ABS 报警灯亮现象，转向助力失效，并且底盘存在异响。据此 4S 店维修经理要求完成对事故车的维修，排除相关故障。

项目简介

通过对大众迈腾 B8 底盘系统故障分析与维修，学习底盘系统故障的排查与诊断流程。ABS、EPS 是底盘系统中基本的电控系统，排除相关故障，需要工作人员对 ABS、EPS 系统的结构与工作原理认识了解全面，底盘异响是汽车常见的故障现象，成因较多，诊断排除复杂。首先对 ABS 报警灯亮的故障原因进行分析，确定可能存在故障的主要系统内容，再排除 EPS 的故障，最后进行底盘异响的故障诊断排除工作。

项目目标

1. 岗位能力目标

（1）能够对 ABS、EPS、底盘系统进行快速检查，对故障原因进行分析，判断故障范围。

（2）掌握 ABS、EPS 的常见故障现象及部件检测方法。

（3）熟悉底盘异响的处理方法，能够进行底盘异响的维修。

（4）能够与客户沟通，解释故障原因与维修流程，提供合理化建议。

2. 价值引领目标

（1）树立社会责任感，恪守职业道德。

（2）重视理论分析，做到知行合一。

（3）保持认真负责的主人翁态度，遵守操作规程。

如何爱岗敬业
恪守职业道德

如何利用唯物辩证法
分析问题、解决问题

汽车维修与公共
安全息息相关

3. "1+X"证书目标

（1）能诊断由 ABS 引起的故障，并分析故障原因。

（2）能检查电动转向助力系统，进行保养维护。

（3）能检查底盘机械部件工作情况，确认维修项目。

（4）能使用自诊断或推荐的测试设备诊断 ABS 电子控制装置、部件和电路，分析故障原因。

4. 课程目标

（1）掌握 ABS、EPS 系统的组成与工作原理。

（2）熟悉 ABS 报警的原因，掌握 ABS 故障的维修流程。

（3）熟悉转向助力失效的原因，掌握转向助力的检测维修方法。

（4）熟悉底盘异响的主要部位，掌握底盘异响的维修方法。

（5）能够按照制订的流程，团队协同进行故障排除工作。

5. 技能大赛目标

（1）能够分析 ABS、EPS 的故障原因，快速确定故障范围。

（2）能够正确使用工具，在规定时间范围内进行部件拆装维修。

（3）能够对底盘异响情况进行分析，确定故障原因，提出维修方案。

（4）能够在规定时间内，按操作流程完成任务，按标准书写任务单。

课前案例思考

案例一

目前我国乘用车制动系统大多由外资品牌垄断，自主品牌仅实现小规模量产。某国外知名配件商曾经多次利用各种借口对销售的 ABS 系统进行加价，国内一本土品牌通过自身努力研发，成功研制出 100% 自主知识产权的 ABS 系统，一举打破垄断，加强了自身话语权，为自身品牌发展奠定了坚实基础。

案例二

来自河南的韩先生投诉其购买的车辆在正常行驶转弯时，突然出现方向失灵和制动失灵的情况，导致车辆撞在路边的花坛上才停住，所幸未造成人员伤亡。伴随着汽车技术不断进步，以及全球电气化进程的加速，越来越多的汽车重要部件向电子化转变，这样的转变在为驾驶带来便利的同时也引发了新的安全隐患。"转向失灵"投诉呈现出逐年增长的趋势。

你如何看待这一现象？

案例三

某 4S 店维修工小王对底盘异响的车辆进行维修，发现该故障需要更换副车架，这时维修经理让小王不要和车主说实话，先用简易的方法进行维修，等过了三包期限后，让车主自费更换。

小王应该如何应对该情况？

故障分析思维图

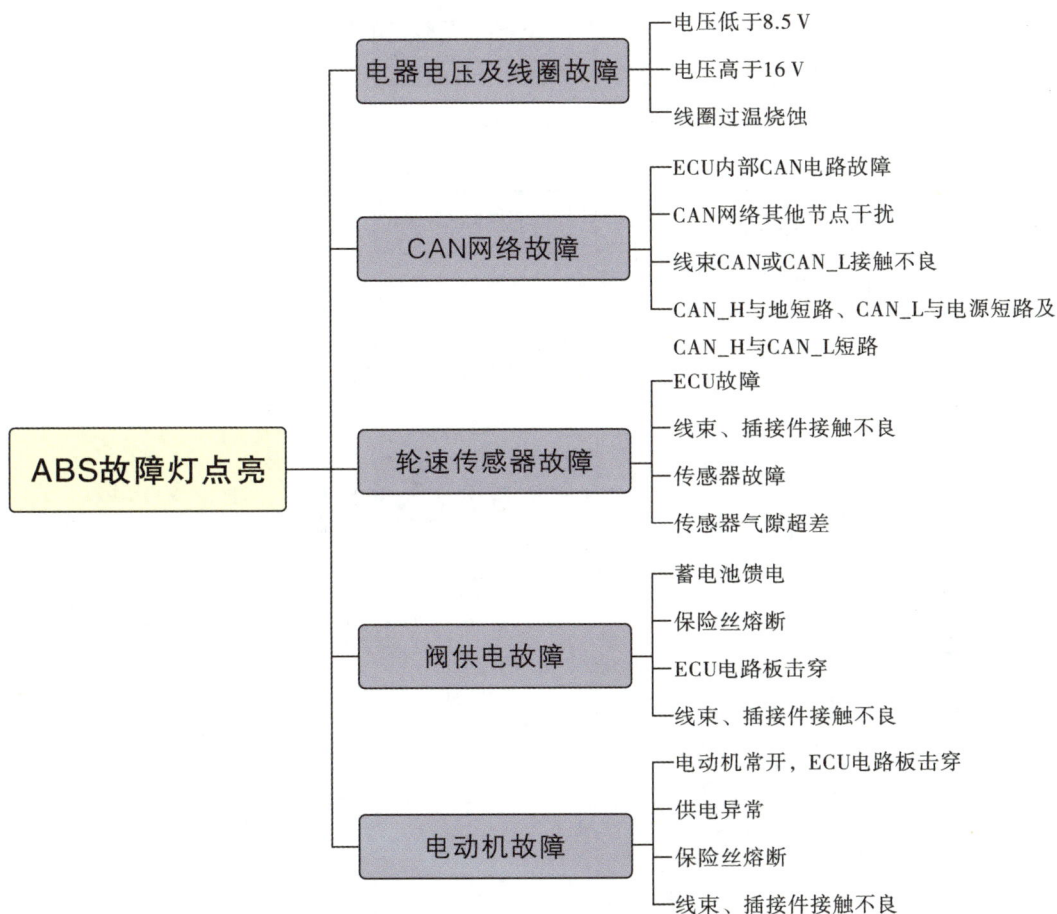

```
                                        ┌ 电压低于8.5 V
                        电器电压及线圈故障 ─┼ 电压高于16 V
                                        └ 线圈过温烧蚀

                                        ┌ ECU内部CAN电路故障
                                        ├ CAN网络其他节点干扰
                        CAN网络故障      ┼ 线束CAN或CAN_L接触不良
                                        └ CAN_H与地短路、CAN_L与电源短路及
                                          CAN_H与CAN_L短路

                                        ┌ ECU故障
                                        ├ 线束、插接件接触不良
ABS故障灯点亮 ──────────  轮速传感器故障   ┼ 传感器故障
                                        └ 传感器气隙超差

                                        ┌ 蓄电池馈电
                                        ├ 保险丝熔断
                        阀供电故障        ┼ ECU电路板击穿
                                        └ 线束、插接件接触不良

                                        ┌ 电动机常开，ECU电路板击穿
                                        ├ 供电异常
                        电动机故障        ┼ 保险丝熔断
                                        └ 线束、插接件接触不良
```

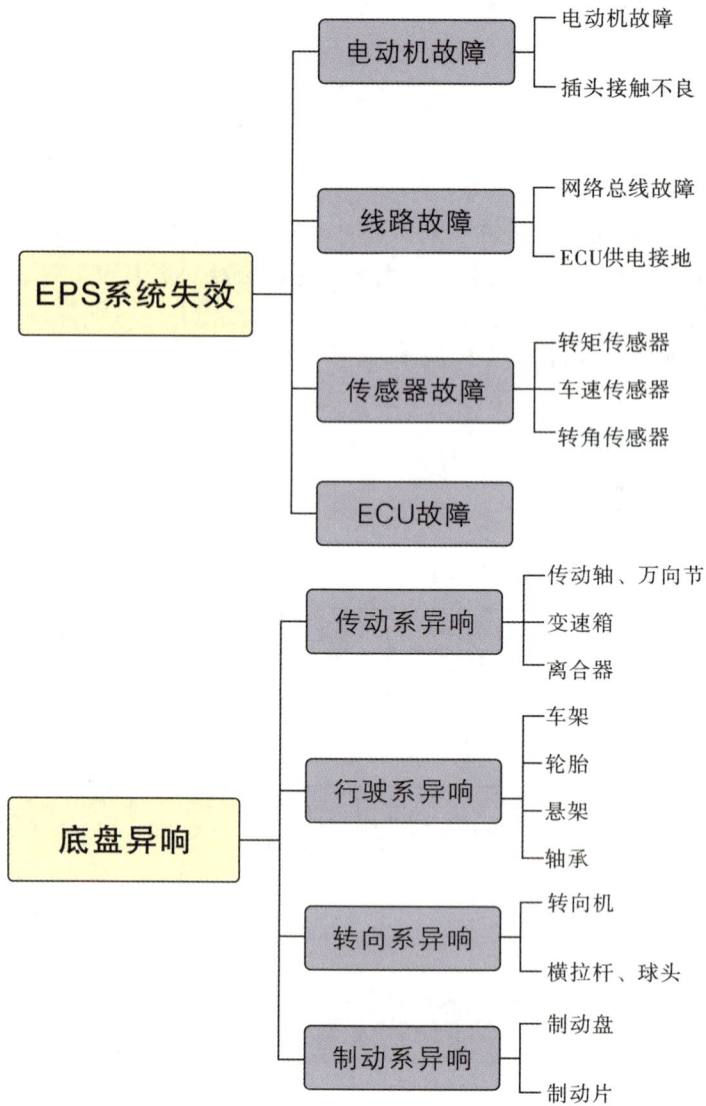

故障维修思维图

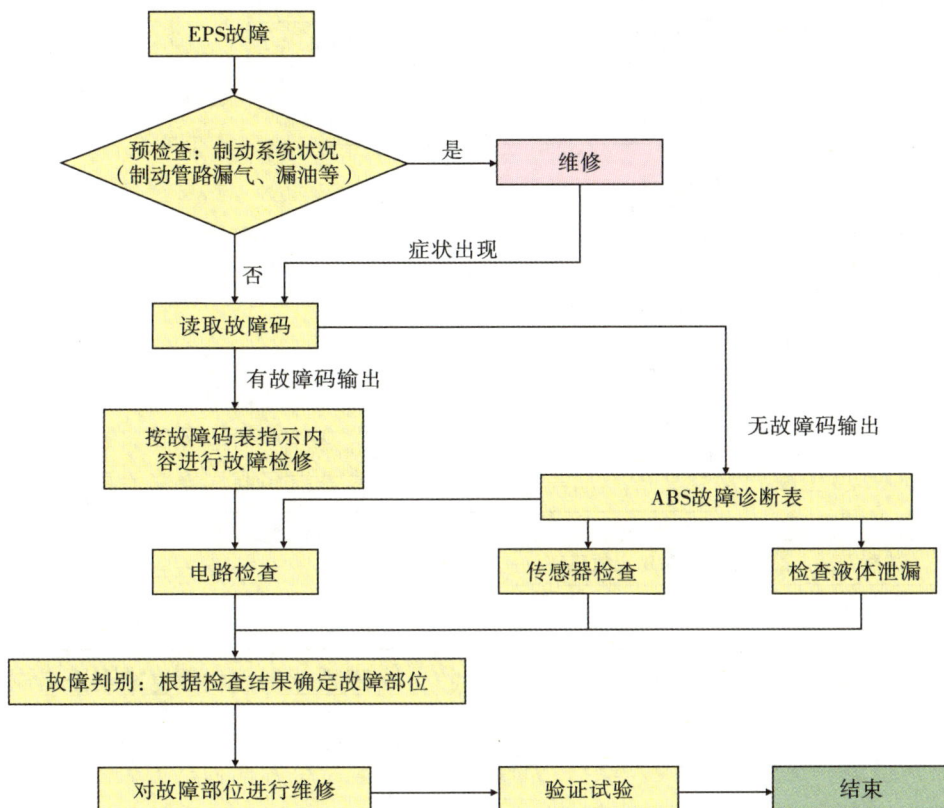

```
                    ┌─────────────┐
                    │   EPS故障    │
                    └──────┬──────┘
                           │
              ┌────────────┴────────────┐      是      ┌──────────┐
              │  预检查：制动系统状况    │ ─────────── │   维修   │
              │ （制动管路漏气、漏油等） │             └────┬─────┘
              └────────────┬────────────┘                  │
                           │            症状出现            │
                        否 │ ◄──────────────────────────────┘
                           │
                    ┌──────┴──────┐
                    │  读取故障码  │ ──────────────────────────┐
                    └──────┬──────┘                            │
                           │ 有故障码输出                       │
                           │                        无故障码输出 │
              ┌────────────┴────────────┐                      │
              │  按故障码表指示内        │                      │
              │  容进行故障检修          │                      │
              └────────────┬────────────┘          ┌───────────┴───────────┐
                           │                        │     ABS故障诊断表      │
                           │                        └───────────┬───────────┘
              ┌────────────┴──────┐      ┌─────────────┐   ┌─────────────┐
              │     电路检查      │      │  传感器检查  │   │ 检查液体泄漏 │
              └────────────┬──────┘      └──────┬──────┘   └──────┬──────┘
                           │                    │                 │
              ┌────────────┴──────────────────────────────────────┐
              │  故障判别：根据检查结果确定故障部位                │
              └────────────┬──────────────────────────────────────┘
                           │
              ┌────────────┴──────┐      ┌─────────────┐   ┌──────────┐
              │ 对故障部位进行维修 │ ──── │   验证试验   │ ─ │   结束   │
              └───────────────────┘      └─────────────┘   └──────────┘
```

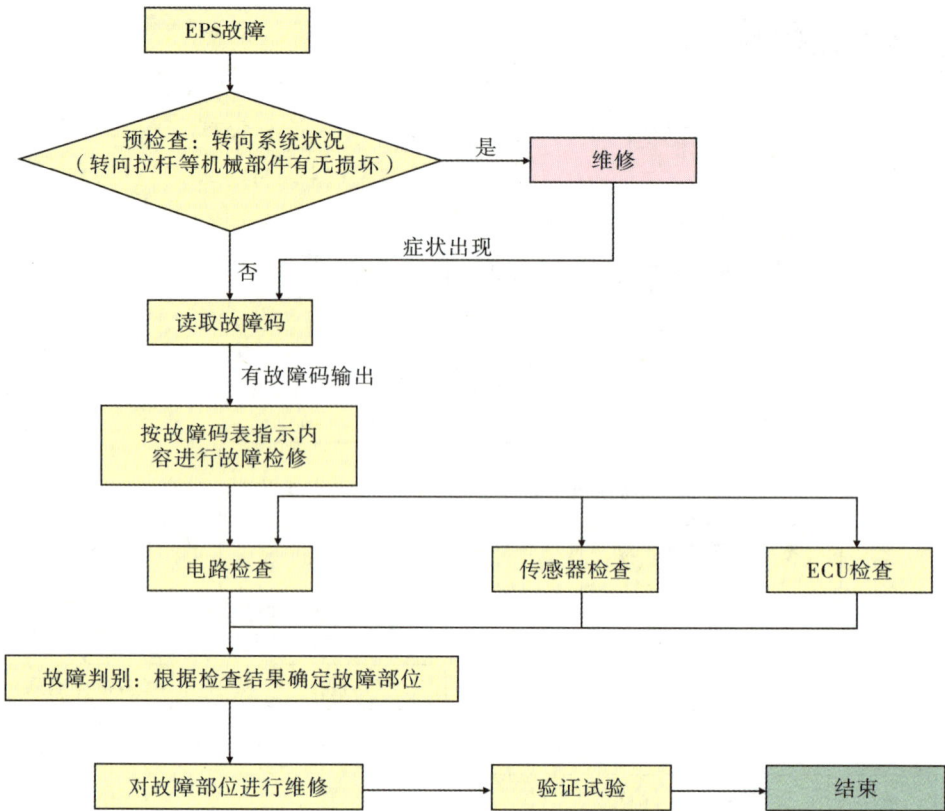

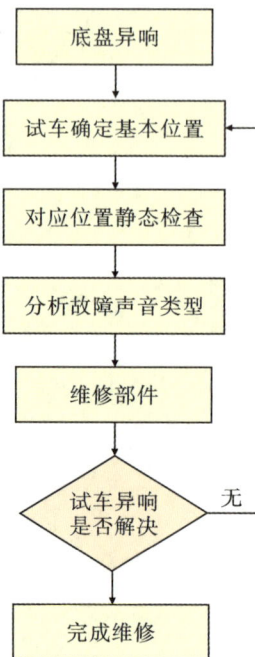

任务 4.1 汽车 ABS 报警故障分析与维修

▶**工作情境与任务**

　　根据本项目情境描述，车辆行驶以后出现 ABS 报警灯亮的现象，连接解码器进行故障码读取，显示存储故障代码为"C101D29"，右后轮轮速传感器信号不可靠，删除故障码后进行试车，故障现象再次出现，故障依旧为原故障码，据此分析故障原因，与客户进行沟通，参考维修资料，排除故障，为客户今后使用提供建议，检验合格后交付车辆。

故障现象

▶**任务目标**

　　(1)熟悉 ABS 的组成与工作原理。

　　(2)掌握 ABS 部件的检测方法。

　　(3)掌握 ABS 电路的识读方法。

▶**任务分析**

　　根据故障现象和"故障分析思维图"分析，ABS 报警灯亮，说明 ABS 系统出现了故障，通过故障码分析，有可能是轮速传感器部分出现了故障。因此，先进行 ABS 的检查工作，再针对具体部件进行诊断排查工作。

4.1.1　必备知识与原理

一、主要知识点

　　(1)ABS 的结构组成。

　　(2)ABS 的工作原理。

　　(3)ABS 部件的常见故障。

　　(4)ABS 部件的检测方法。

二、ABS 的结构组成与工作原理

　　如图 4-1-1 所示，目前 ABS 通常集合了防滑控制功能，通常由转速传感器、制动泵总成、电子控制单元 ECU 等组成。

　　汽车在制动过程中，轮速传感器把各个车轮的转速信号及时输送给 ABS 控制单元，ABS 控制单元根据设定的控制逻辑对 4 个轮速传感器输入的信号进行处理，并计算汽车的参考车速、各车轮速度和减速度，确定各车轮滑移率，并将滑移率与设定的滑移率控制极限值进行比较。如果某个车轮的滑移率超过了控制极限值，ABS 控制器就输出指令给液压调节装置，使该车轮制动轮缸的制动压力减小；如果某个车轮滑移率还没达到设定的控制极限值，ABS 控制器也输出指令至液压调节装置，使该车轮的

制动压力增大；如果某个车轮滑移率接近于设定的控制极限值，ABS 控制器就输出指令至液压调节装置，使该车轮制动轮缸的制动压力保持一定，从而使各个车轮的滑移率保持在理想的范围之内，防止车轮抱死。

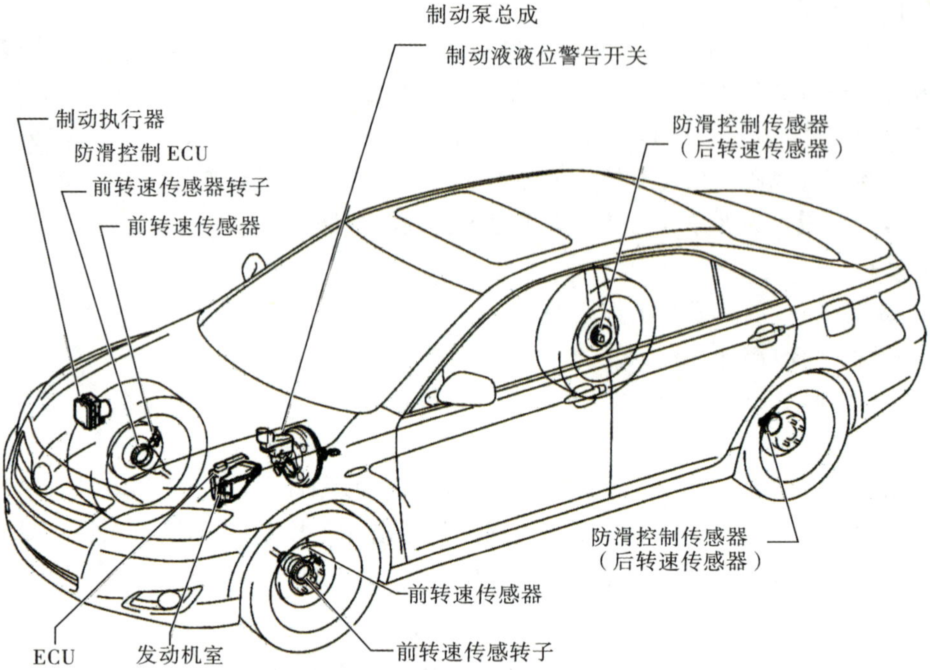

制动泵总成
制动液液位警告开关
防滑控制传感器
（后转速传感器）
制动执行器
防滑控制 ECU
前转速传感器转子
前转速传感器
防滑控制传感器
（后转速传感器）
前转速传感器
ECU
发动机室
前转速传感转子

图 4-1-1　集合防滑控制功能的 ABS 系统组成示意图

　　在制动过程中，如果没有车轮趋于抱死，ABS 将不参与制动压力控制，此时制动过程与常规制动系统制动过程相同。如果 ABS 出现故障，ABS 控制单元将不再对液压调节装置进行控制，并将仪表板上的 ABS 报警灯点亮，向驾驶员发出信号，此时 ABS 不起作用，制动过程将与没有 ABS 的常规制动系统工作过程相同，表 4-1-1 为各部件的主要功能与作用。

表 4-1-1　ABS 各主要组成部件的功用

组成元件		元件功能
传感器	车速传感器	检测车速，给 ECU 提供车速信号，适用于滑移率控制方式
	轮速传感器	检测车轮速度，给 ECU 提供轮速信号，各种控制方式均适用
	减速传感器	检测制动时汽车的减速度，识别是否为冰雪等易滑路面，一般用于四轮驱动控制系统
执行器	制动压力调节器	受 ECU 控制，在可变容积式制动压力调节器的控制油路中建立控制油压；在循环式制动压力调节器调节压力降低的过程中，将由轮缸流出的制动液经蓄能器泵压回主缸，以防止 ABS 工作时制动踏板行程发生变化
	液压泵	接收 ECU 的指令，通过电磁阀的动作实现制动系统压力的增加、保持、降低和增加的全过程
	ABS 警告灯	当 ABS 出现故障时，由 ECU 控制将其点亮，向驾驶员发出报警，并由 ECU 控制闪烁显示故障代码等
控制器	电子控制单元 ECU	接收车速、轮速、减速等传感器的信号，计算出车速、轮速、滑移率和车轮的减速度、加速度，并将这些信号加以分析、判别、放大，由输出级输出控制指令，控制各种执行器工作

1. 轮速传感器

如图 4-1-2 所示，轮速传感器由传感头和信号齿圈等组成，主要为磁脉冲式传感器。每个轮胎都有一个轮速传感器，当齿圈转动时，齿顶和齿根轮流交替地对向极轴，此时磁感应线不断变化，于是在线圈中产生感应电压信号，传送到 ABS 电子控制单元 ECU，该电压变化的频率便能够精确地反映车轮速度的变化，ECU 再根据此信号控制液压调节器工作。

2. 液压泵

液压泵主要由直流电动机、液压泵、电磁阀、蓄压器、储液器等组成，主要用来完成加压、保持、回液三个过程。

常规制动：当踩下制动踏板时，刹车总泵（主缸）的压力进入各车轮分泵，分泵压力随总泵压力上升而上升，直至抱死。

增压制动：当车轮轮速传感器监测到车轮转得快时，将信号反馈给 ECU，ECU 控制出油电磁阀关闭，进油电磁阀打开，完成增压过程。

保压制动：当车轮轮速传感器监测到车轮有抱死的趋势时，将信号反馈给 ECU，ECU 控制液压调节器内进油电磁阀关闭，分泵保压。

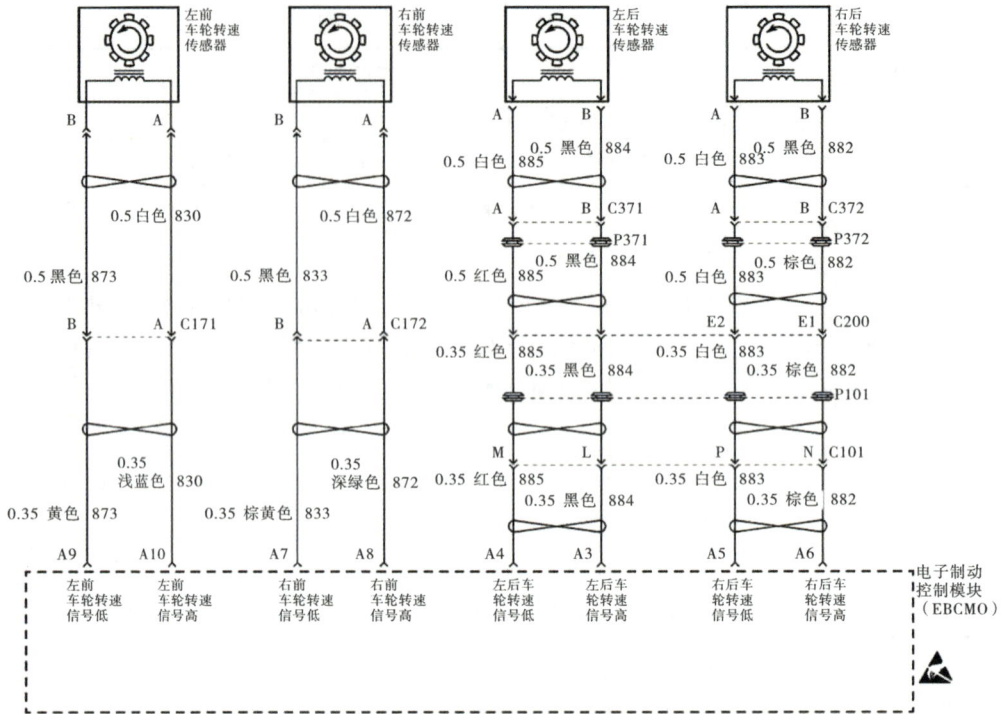

图 4-1-2　别克君威 ABS 轮速传感器电路图

减压制动：当车轮轮速传感器监测到车轮接近抱死时，将信号反馈给 ECU，ECU 控制出油电磁阀打开，分泵压力下降。

液压泵中的电磁阀通常为 4 个三位三通电磁阀，1 个电磁阀控制一个车轮，或者 8 个二位二通电磁阀，每个车轮由两个电磁阀分别控制进和出，如图 4-1-3 所示。MOP 表

图 4-1-3　ABS 液压泵示意图

示主缸的两个出口之一，P 表示初级；MOS：主缸的两个出口之一，S 表示次级；RL：左后；RR：右后；FL：左前；FR：右前。

3. 电子控制单元 ECU

ECU 一般由传感器输入放大电路、运算修正电路、输出控制电路和安全保护电路 4 个基本电路组成。各电路的连接方式，如图 4-1-4 所示。

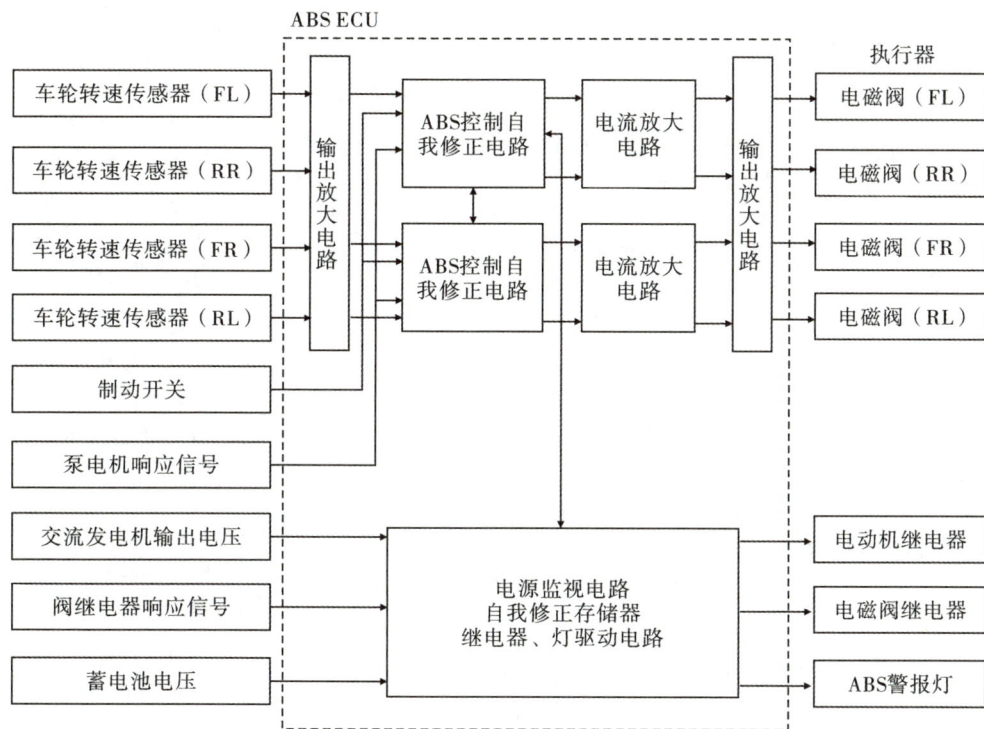

图 4-1-4　ABS 控制单元示意图

1)传感器输入放大电路

传感器输入放大电路的功能是将轮速传感器、减速度传感器、开关等输入的信号进行预处理、A/D 模数转换等，然后送往运算电路。

2)运算修正电路

运算修正电路主要根据输入信号进行车轮速度、即时速度、滑移率、加减速度的运算，以及电磁阀的开启控制运算和监控运算等。

3)输出控制电路

输出控制电路通过来自运算电路的控制信号，控制通往各电磁阀的电流。

4)安全保护电路

安全保护电路包括稳压电源、电源监控电路、故障反馈电路和继电器驱动电路等。主要作用是监控 12 V 和 5 V 电压是否在规定范围内，并对输入放大器、运算电路和电磁阀控制电路的反馈信号进行监视。当 ABS 出现故障时，关闭各电磁阀，停止 ABS 工作，返回常规制动状态，同时点亮仪表板上的 ABS 警报灯，提醒驾驶员注意 ABS 的故障。

三、ABS 故障灯亮的常见原因

表 4－1－2 为 ABS 故障灯亮的主要原因，通常是因为 ABS 电路系统出现了故障。

表 4－1－2　ABS 故障灯亮的常见原因

故障码	故障确认条件	可能原因
传感器信号故障（开路、短路、间隙过大）	(1)驱动芯片检测到开路故障时间大于 80 ms/短路故障时间大于 30 ms； (2)起步或行驶过程中该轮与其他轮轮速差异超过正常值，则判断该路间隙过大	(1)传感器、齿圈故障； (2)线束、接插件故障； (3)带电插拔留下故障码； (4)轮速传感器短路或反接报传感器短路故障
阀供电故障	ECU 初始化完成，继电器接通后检测不到供电电压	(1)保险故障； (2)线束、接插件故障； (3)电瓶故障(馈电)； (4)ECU 电路板被击穿
电动机故障	(1)未控制时检测到回油电动机供电电压，判断常开； (2)控制工作时未检测到供电电压，判断不能开启	(1)保险故障； (2)线束、接插件故障； (3)电瓶故障； (4)ECU 电路板被击穿
电源电压故障	(1)限值电压<8.5 V，行驶过程中超过 500 ms； (2)限值电压>16 V，行驶过程中超过 500 ms	(1)线束、接插件故障； (2)电瓶故障(馈电、电压过高)
线圈故障	驱动芯片反馈回来的值符合故障范围值并持续指定时间，则判断该路负载故障	(1)线束、接插件故障； (2)ECU 电路板故障
CAN 网络故障	连续检测到三次 BUS OFF，记录 BUS OFF 故障码	(1)线束、接插件故障； (2)ECU 电路板故障。

四、ABS 常见故障及处理方法

1. 轮速传感器常见故障及处理方法

(1)信号转子变形、脱齿、磨损、裂纹：更换信号转子(有的车用带磁性编码的轴承替代信号转子)。

(2)传感器探头脏污或损坏：更换传感器。

(3)传感器线圈开路或短路：更换传感器。

(4)传感器线束开路或短路：更换传感器(带线束)或维修线路。

传感器与信号盘之间的间隙约为 0.25～0.45 mm。最常用的检测方式就是报某个轮胎传感器故障，将左右调换后再读取故障码，如还是原来那一侧，则为线路故障，如换到另一侧，则为传感器故障。

2. ABS 电控单元常见故障及处理方法

(1)发动机启动后 ABS 或 ABS/ASR 警告灯常亮，IG、OFF 挡位熄灭。

ABS 或 ABS/ASR 油压阀体搭铁线路接触不良；ABS 或 ABS/ASR 油压阀体电线接头接触不良；ABS 或 ABS/ASR 计算机故障。

处理方法：松开油压阀体搭铁固定螺丝，再旋紧固定螺丝，必要时清洁接触面；检查插头是否间隙变大；更换 ABS 或 ABS/ASR 电控单元。

(2)ABS 警告灯间歇性亮起，加速时则 ABS 警告灯熄灭。

当使用多种车辆电器时，电瓶电压可能会下降至低于 10.5 V，而随着发动机的转速上升，电压也会上升，ABS 指示灯熄灭。ABS 的系统电源供应电压太低，可能是因为线头接触不足或搭铁不良。

处理方法：检查电瓶比重；检查充电系统；检查电源供应(如检查电压继电器或电源接触是否不良)。

ABS 电控单元对电压、静电非常敏感，稍有不慎就会损坏其中的芯片，造成整个 ABS 瘫痪，在点火开关接通时不要插、拔 ABS 电控单元上的插接器；在车上进行电焊之前，要戴好防静电器具，拔下 ECU 插接器后再进行电焊。在汽车进行烤漆作业时，应视情况将 ABS ECU 从车上拆卸下来，以防止高温损坏；给蓄电池充电时，要将蓄电池从车上拆卸下来或摘下蓄电池电缆线后再进行充电。

3. ABS 系统液压元件泄漏检修

检查 ASB 液压部件是否泄漏时，应接通点火开关，直到液压泵不工作，然后再等待 3 min，以确保整个液压系统稳定。查看压力表，如果系统压力在 5 min 内有明显下降，则表明液压系统中存在泄漏，接下来检查到底是液压元件本身泄漏还是外部系统泄漏，找到故障点后更换相应的部件或总成。

4.1.2 任务案例车辆分析与故障维修

汽车 ABS 报警
故障分析与维修

一、故障现象查看总结

1. 望

_____

_____

_____

2. 闻

_____

_____

_____

3. 问

_____

_____

_____

4. 切

_____

_____

_____

二、故障本质原因分析(诊)

根据知识与原理的学习，分析"出现 ABS 报警灯亮"的原因，结合思维图，有多方面故障的可能性，可进一步通过检查，排除机械方面的故障影响，"删除故障码后进行试车，故障现象再次出现"，"右后轮轮速传感器信号不可靠"，可先对右后轮传感器部分进行检测，确定传感器是否正常，根据检测结果进一步对线路等进行检测。

三、迈腾 B8 ABS 线路分析

迈腾 B8 ABS 电路图如图 4-1-5 所示。迈腾 J104 ABS 控制单元有三个由蓄电池正极直接供电的途径：SB1、SB2、SB17 分别到 J104/(T46/30)、J104/(T46/1)、J104/(T46/31)，三个阵脚经过 J104 模块原件再由 J104/(T46/14) 和 J104/(T46/46) 搭铁构成回路。当踩下制动踏板后，由 J533 网关通过 J533/(T20e/18) 和 J533/(T20e/8) 两个 CAN 线，再经过 TIUL/3 和 TIUL/4 针脚到达 J104/(T46/42) 和 J104/(T46/43) 及 G608 制动助力器压力传感器信号 G608/(T3dz/3) 传输到 J104/(T46/38)。J104 收到制动信号后，通过采集 G44、G45、G46、G47 四个传感器信号，分别控制 N133、N134、N135、N136 四个轮胎 ABS 的进气阀及 N99、N100、N101、N102 四个轮胎 ABS 的排气阀，从而分别控制各轮胎制动分泵的压力，达到车轮防抱死的目的。补充：N133、N134、N135、N136、N99、N100、N101、N102 这八个执行器在 J014 内部由电路板直接控制。

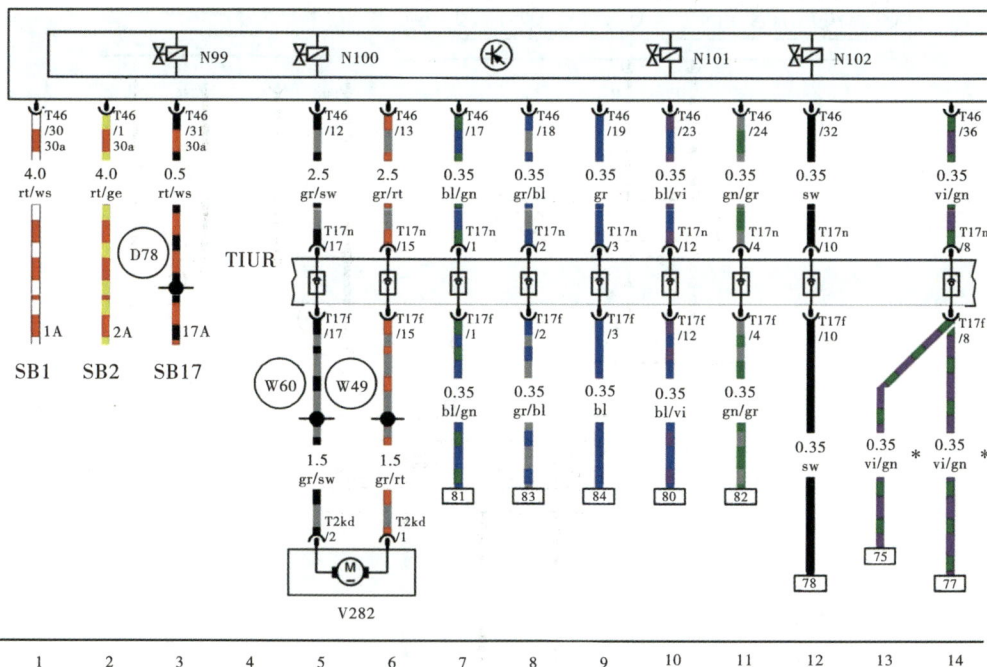

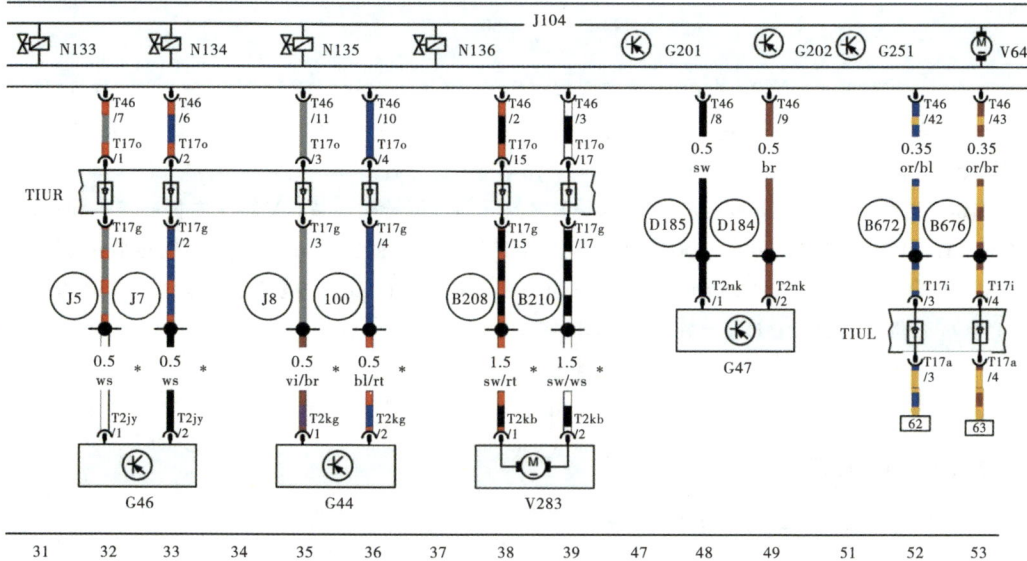

图 4-1-5 迈腾 B8 ABS 电路图

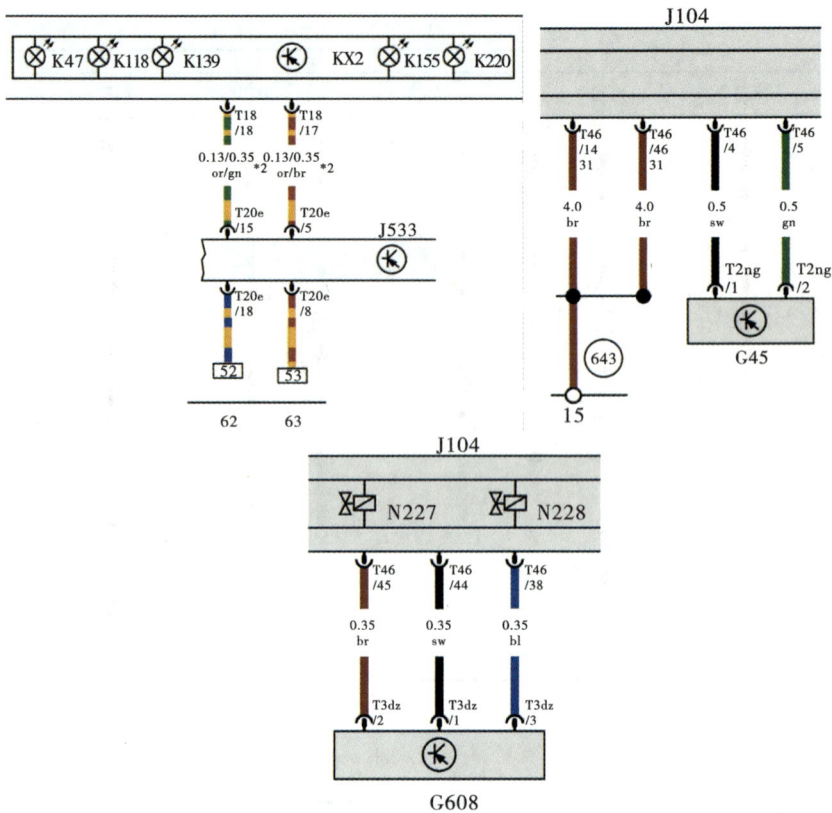

J104—ABS控制单元；N99—右前 ABS 进气阀；N100—右前 ABS 排气阀；N101—左前 ABS 进气阀；N102—左前 ABS 排气阀；N133—右后 ABS 进气阀；N134—左后 ABS 进气阀；N135—右后 ABS 排气阀；N136—左后 ABS 排气阀；G201—制动压力传感器；G202—偏转率传感器；G251—纵向加速传感器；V64—ABS 液压泵；TIUR—车内的下部右侧链接位置；V282—左侧驻车电动机；G44—右后转速传感器；G46—左后转速传感器；G47—左前转速传感器；V283—右侧驻车电动机；KX2—组合仪表；K47—ABS 指示灯；K139—驻车制动指示灯；K155—电子稳定程序和 ASR 指示灯；G608—真空传感器；J533—数据总线诊断接口。

图 4-1-5 （续）

四、故障本质原因确定(断)

1. 依据电路图，绘制故障分析树

2. 确定可能的故障点

(1)＿＿＿＿＿＿＿＿＿＿＿＿＿＿＿＿＿＿＿＿＿＿＿＿＿＿＿＿＿＿＿＿＿

(2)＿＿＿＿＿＿＿＿＿＿＿＿＿＿＿＿＿＿＿＿＿＿＿＿＿＿＿＿＿＿＿＿＿

(3)＿＿＿＿＿＿＿＿＿＿＿＿＿＿＿＿＿＿＿＿＿＿＿＿＿＿＿＿＿＿＿＿＿

(4)＿＿＿＿＿＿＿＿＿＿＿＿＿＿＿＿＿＿＿＿＿＿＿＿＿＿＿＿＿＿＿＿＿

五、实施解决故障问题（治）

1. 根据可能的故障点绘制实施流程图

2. 记录实施步骤

(1)＿＿＿＿＿＿＿＿＿＿＿＿＿＿＿＿＿＿＿＿＿＿＿＿＿＿＿＿＿＿＿＿＿

(2)＿＿＿＿＿＿＿＿＿＿＿＿＿＿＿＿＿＿＿＿＿＿＿＿＿＿＿＿＿＿＿＿＿

(3)＿＿＿＿＿＿＿＿＿＿＿＿＿＿＿＿＿＿＿＿＿＿＿＿＿＿＿＿＿＿＿＿＿

(4)＿＿＿＿＿＿＿＿＿＿＿＿＿＿＿＿＿＿＿＿＿＿＿＿＿＿＿＿＿＿＿＿＿

(5)＿＿＿＿＿＿＿＿＿＿＿＿＿＿＿＿＿＿＿＿＿＿＿＿＿＿＿＿＿＿＿＿＿

(6)＿＿＿＿＿＿＿＿＿＿＿＿＿＿＿＿＿＿＿＿＿＿＿＿＿＿＿＿＿＿＿＿＿

六、任务完成检查

1. 启动情况检查

是否能正常启动。　　　　　是□　否□

2. 车辆恢复状况检查

拆装部件是否恢复原状。　　是□　否□

3. 车辆整理清洁检查

是否整理清洁车辆。　　　　是□　否□

4. 工具检查整理

工具清点是否完成。 是□ 否□

5. 新故障检查

是否有新故障。 是□ 否□

七、维修总结

1. 故障原因

_____

_____

_____

2. 维修方案

_____

_____

_____

3. 采取该维修方案的原因

_____

_____

_____

4. 维修结果

_____

_____

_____

八、保养维护建议

_____

_____

_____

_____

4.1.3　知识拓展

一、技能竞赛类车型 ABS 系统控制原理分析

图 4-1-6 为集成了 ASR 和 EBD 功能的 ABS 控制系统，ASR 也叫做自动牵引力控制系统(TCS)，其作用是通过采用控制各个车轮的制动压力或发动机转矩等手段来控制每个车轮上的驱动力，防止驱动力超过轮胎与地面之间的附着力而导致驱动轮打滑，在保证汽车驱动力的同时改善汽车的方向稳定性和操作性。

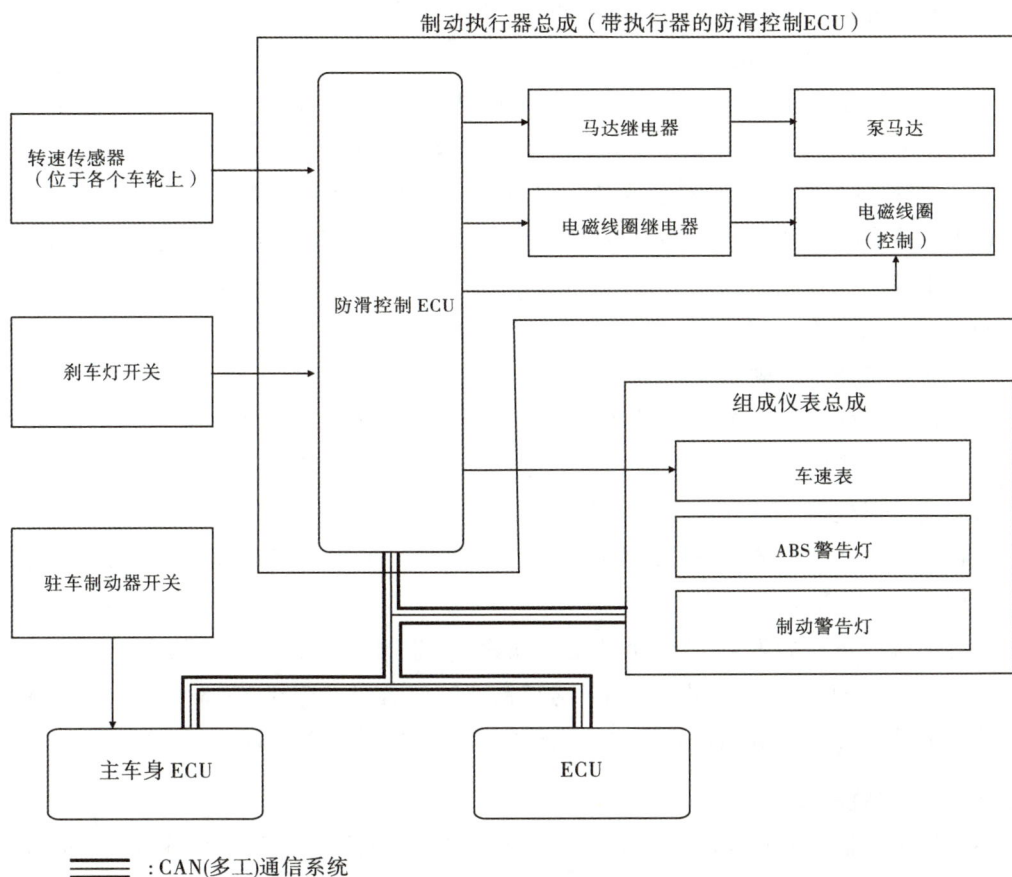

图 4-1-6　丰田 ABS 系统控制示意图

EBD 是电子制动力分配系统，其功能是保证前后轴的制动力度保持平衡，避免出现甩尾或回转运动，使车辆制动时保持平稳，并且可以使制动力保持在较佳效率，制动距离明显缩短。

ASR 和 EBD 都是在 ABS 的基础上发展起来的，防滑控制 ECU 在从车轮转速传感

器接收到的转速信号的基础上检测车轮抱死。防滑控制 ECU 根据此信息控制泵马达和电磁阀。泵马达和电磁阀用于通过控制施加到各个车轮制动器上的液压来防止车轮抱死。在系统故障时，ABS 警告灯亮起，EBD 根据驾驶状况，利用 ABS 实施前轮和后轮之间合理的制动力分配。

二、知识补充

在 ABS 系统故障检测与诊断中，若是单纯的元件不良，可运用电路检测方式诊断。如果属于间歇性故障或是相关的机械性问题，则需要进行模拟测试及动态测试。

模拟测试是根据 ABS ECU 中逻辑电路的车速信号差及警示电路特性，为便于检查测量车速传感器的故障而设置的。模拟测试方法的操作步骤：

①举升车辆，使四轮悬空。

②启动发动机。把选挡杆置于前进挡(D)位置，观察仪表盘上的 ABS 故障指示灯是否点亮。若 ABS 故障指示灯亮，表示后轮差速器的车速传感器不良。

③如果 ABS 故障指示灯不亮，则转动左前轮。此时 ABS 故障指示灯若点亮，则表示左前轮车速传感器正常；反之，ABS 故障指示灯若不亮，则表示左前轮车速传感器不良。

④右前轮车速传感器的测试方法和左前轮车速传感器的测试方法相同。

动态测试的操作步骤：

①汽车在道路上行驶至少 12 km。

②测试车辆转弯时，ABS 故障指示灯是否会点亮。若向某一方向转弯时 ABS 故障指示灯会亮，则表示该方向的轮胎气压不足，也可能是轴承不良、转向拉杆球头磨损、减振器不良或车速传感器脉冲齿轮不良。

③将汽车驶回，在 ABS ECU 侧的"ABS 电源"和"电磁阀继电器"端子间接上测试线和万用表(置于低电压)。

④再次进行道路行驶，在制动时注意观察"ABS 电源"端和搭铁的电压，应该在 11.7~13.5 V；而"电磁阀继电器"端子与搭铁间的电压，亦应在 10.8 V 以上。前者主要反映蓄电池电源供电情况，后者主要反映电磁阀继电器的触点好坏。

三、课后案例探讨

客户反映车辆正常行驶时，突然仪表 ABS 报警灯点亮，熄火并重新启动后故障消失，但行驶时故障又重现，读取故障码为"右后轮转速传感器断路/短路"。根据故障现象，完成故障原因的分析和排除思路。

四、思维拓展案例

一辆 2015 速腾轿车，行驶里程 10 万千米，ABS、胎压报警等多个故障灯突然点亮，动力与制动性能变差，但行驶一阵后车辆恢复正常状态。小王认为要通过 ABS、胎压系统逐步检查排除故障，小李认为同时出现问题的概率较小，要对几个系统同时进行分析，确认哪些位置会导致这个故障。小王和小李谁说的对呢？

五、练习题

（1）ABS 通常集合了_____功能，由轮速传感器、制动压力调节器、电子控制单元 ECU 和 ABS 警示装置等组成。

（2）ABS 控制单元根据设定的控制逻辑对 4 个轮速传感器输入的信号进行处理，并计算汽车的参考车速、各车轮速度和减速度，确定各车轮_____，并将滑移率与设定的滑移率控制极限值进行比较。

（3）_____接收 ECU 的指令，通过电磁阀的动作实现制动系统压力的增加、保持、降低的全过程

（4）传感器输入放大电路的功能是将轮速传感器、_____、开关等输入的信号进行预处理、A/D 模数转换等，然后送往运算电路。

（5）在车上进行电焊之前，要戴好防静电器具，拔下 ECU 插接器后再进行电焊。在对汽车进行烤漆作业时，应视情况将 ABS ECU 从车上拆卸下来，以防止_____；给蓄电池充电时，要将蓄电池从车上拆卸下来或摘下蓄电池电缆线后再进行充电。

（6）ASR 和_____都是在 ABS 的基础上发展起来的，防滑控制 ECU 在从车轮转速传感器接收到的转速信号的基础上检测车轮抱死。

（7）如果 ABS 出现故障，ABS 控制单元将不再对_____进行控制，并将仪表板上的 ABS 报警灯点亮，向驾驶员发出信号，此时 ABS 不起作用，制动过程将与没有 ABS 的常规制动系统工作过程相同。

（8）轮速传感器由传感头和信号齿圈等组成，主要为_____。每个轮胎都有一个轮速传感器，当齿圈转动时，齿顶和齿根轮流交替地对向极轴，此时磁感应线不断变化，于是在线圈中产生感应电压信号，传送到 ABS 电子控制单元 ECU，该电压变化的

频率便能够精确地反映车轮速度的变化，ECU 再根据此信号控制液压调节器工作。

六、能力拓展

根据本节课的故障分析，尝试查询调研相关配件的价格，为车主做一份服务价格预算。

任务 4.2 汽车转向助力失效故障分析与维修

▶**工作情境与任务**

任务一中的迈腾 B8 在完成了 ABS 维修后，启动车辆，发现组合仪表上的转向助力故障灯亮红灯，进一步测试转向助力失效，连接解码器，查看故障码，发现"转向助力控制单元-无通讯"，以及有些模块显示有故障。据此与客户进行沟通，参考维修资料，排除故障，为客户今后使用提供建议，检验合格后交付车辆。

故障现象

▶**任务目标**

(1)熟悉电动助力转向系统的结构组成与工作原理。

(2)熟悉电动助力转向系统主要故障现象。

(3)掌握电动助力转向系统主要故障的检测与维修方法。

▶**任务分析**

根据故障现象和"故障分析思维图"，分析推断可能的故障原因：转向助力控制单元的供电线路、搭铁线路或 CAN 线路有故障；转向助力控制单元损坏，应先进行线路的故障诊断排查工作。

4.2.1 必备知识与原理

一、主要知识点

(1)电动助力转向系统的结构组成。

(2)电动助力转向系统的工作原理。

(3)迈腾 B8 电动助力转向系统的结构组成。

(4)迈腾 B8 电动助力转向系统的工作原理。

二、电动助力转向系统的结构组成与工作原理

如图 4-2-1 所示，电动助力转向系统主要由方向盘、转向柱、方向盘转角传感器、转向力矩传感器、转向齿轮、转向助力电动机及转向助力控制单元组成。

如图 4-2-2 所示，当驾驶员旋转方向盘时，转向助力系统开始工作。安装于转向柱上的方向盘转角传感器将检测到的方向盘旋转角度和旋转速度，以电信号的方式送至转向助力控制单元。与此同时，作用在方向盘上的力矩经过传递驱动转向小齿轮旋转，转向力矩传感器检测到旋转力矩并将其传给控制单元。根据转向力、发动机转速、车速、方向盘转角、方向盘转速及存储在控制单元中的特性曲线图，控制单元计算出

必要的助力力矩并控制电动机开始工作。电动机械式助力转向装置采用双小齿轮结构，其特点是使用两个小齿轮，转向小齿轮和驱动小齿轮所需要的转向力借助这两个小齿轮传到齿条上，从而驱动转向齿条。

图 4-2-1 电动助力转向系统(EPS)结构示意图

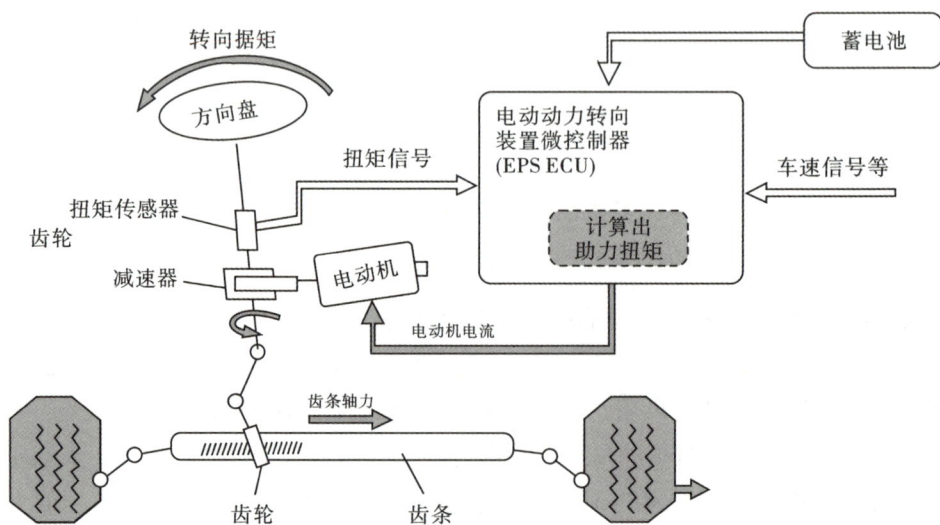

图 4-2-2 电动助力转向系统控制示意图

三、转向盘扭矩传感器

扭矩传感器主要由分相器单元1和分相器单元2组成。方向盘转动时，扭杆与扭矩传感器的上半部分和下半部分存在一个相对偏转角，扭矩传感器通过检测相对转角测量方向盘力矩，如图4-2-3所示。

转向盘转矩传感器主要有接触式和非接触式两种类型，接触式传感器由于传感元件之间一直存在滑动摩擦，因此在使用过程中容易受到磨损老化，出现测量信号不准确甚至报错的情况。非接触式传感器在工作行程中，信号通过磁耦合、电耦合、光耦合等方式获取，目前非接触式为主要应用类型。

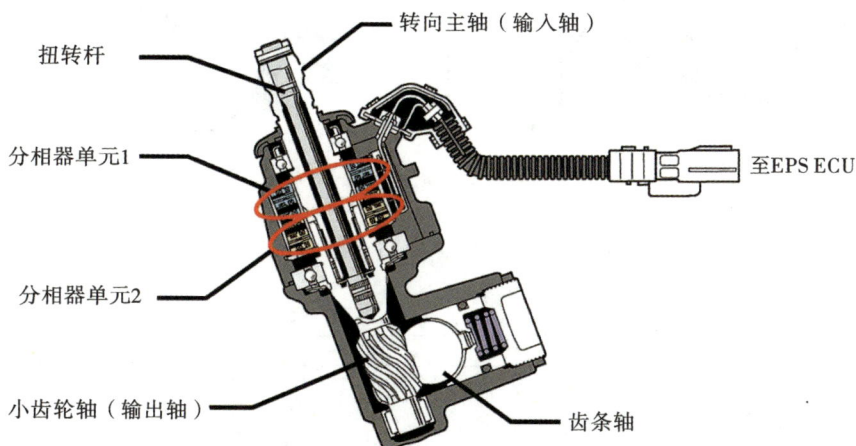

图4-2-3　转向盘转矩传感器示意图

四、助力电动机及减速机构

图4-2-4为丰田雷克萨斯转向电动机示意图，助力电动机用来实现转向系统的助力，助力转矩大、转矩波动小、转动惯量小、功率密度大、可靠性高、易控制。目前电动助力转向系统普遍采用永磁直流有刷电动机和直流无刷电动机。直流无刷电动机采用电子换向，无需维护，功率密度大，但成本较高；直流有刷电动机技术成熟，控制器简单，成本低。

EPS的助力控制如图4-2-5所示，可分为助力基本控制、助力辅助控制、电动机电流控制、失效保护处理。各厂商的控制方法有所不同，此处对常见的控制方法进行说明。

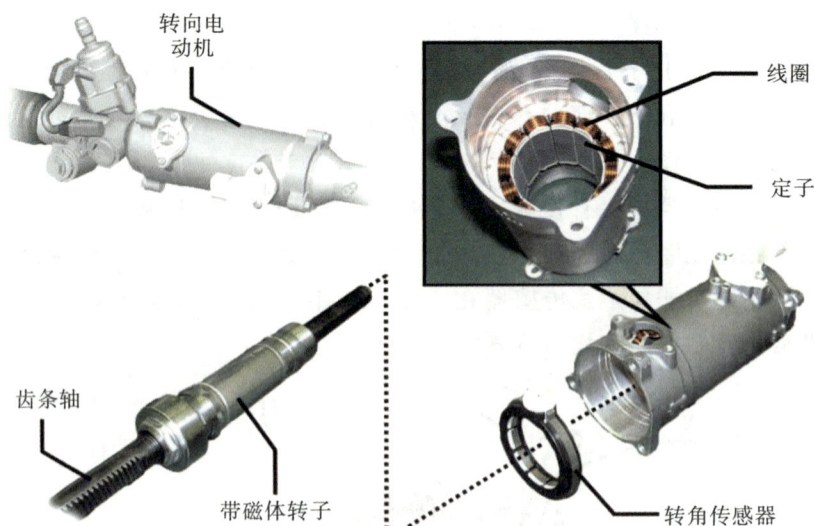

图 4-2-4 丰田雷克萨斯转向电动机示意图

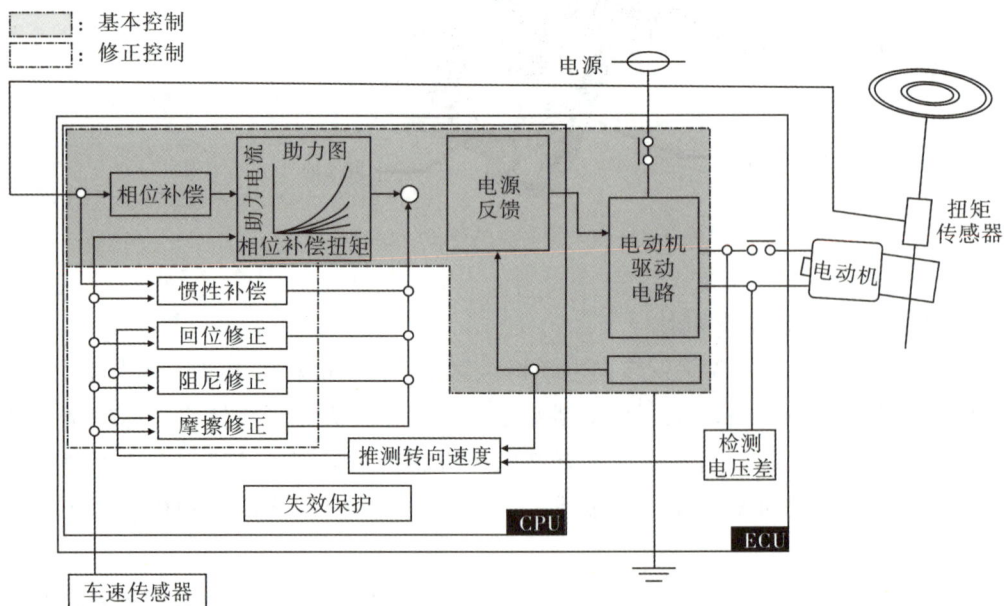

图 4-2-5 EPS 助力控制示意图

1. 助力基本控制

为了补偿系统对扭矩传感器信号的响应延迟量,应实施相位补偿。根据相位补偿后的值,确定助力量。这些控制与车辆特性紧密相关,大多以图谱形式设定。此外,也可以通过车速调节助力量，施加车速感应特性。之后，加上辅助控制量，将最终助力指令值交给电流控制部分。

2. 助力辅助控制

方向盘不仅受驾驶者的转向操作支配，当路面对轮胎施加扭矩时，也会出现方向盘转动的状况。所以，除了常规的助力基本控制，还应实施助力辅助控制。主要的助力辅助控制：排除电动机的惯性力矩影响时，为了平稳助力进行"惯性补偿"；转向后由于回正转矩使方向盘回位时，进行对应的回位修正；松手后回位时，为了充分使方向盘稳定进行"阻尼修正"；由于电动机或机构部分的摩擦引起的助力延迟，进行对应的摩擦修正。修正量与助力图相同，依据车辆特性改变的值，在匹配后确定。

3. 电动机电流控制

为了使电动机实时跟踪上述电动机电流指令值，需要控制电动机的电流。通常情况下，在检测出电动机电流之后，修正指令值对应的差量，即为反馈控制。并且，应按求取助力指令值的一半周期，设定电动机电路控制周期。基本上，针对指令值和电流检测值的差量，可实施 PI（比例积分）控制，转换为电压指令值，并将此电压指令转换为 PWM 的占空比，通过此占空比通断 MOSFET，控制电动机。

4. 失效保护

EPS 为了提供约 10 倍于驾驶者转向操作力的助力，需要在助力出现异常时迅速进行检测，并采取准确的应对措施，表 4-2-1 为 EPS 主要的失效保护项目。

表 4-2-1　EPS 主要的失效保护项目

控制示例	检出项目
停止助力	扭矩传感器相关（扭矩传感器输出异常等）
	电动机转角传感器相关（电动机转角传感器输出异常等）
	EPS ECU 驱动电路相关（电动机端子电压异常等）；电动机断路相关（电动机过电流等）
	微控制器相关（微控制器或定制集成电路异常等）
限制助力	电动机加热保护相关（通过温度推测进行加热保护控制）
	EPS ECU 加热保护相关（通过温度推测进行加热保护控制）
	车速相关（车速信号、发动机转速信号、CAN 总线异常等）
	电源相关（点火装置电压异常、电动机电源电压异常等）

EPS 最应该避免的异常状态除了异常过热，还有方向盘无法转动（方向盘锁死）、方向盘随意自由转动（自由转）。当检测出可能产生异常时，必须关闭系统。

大多 EPS 采用监测驾驶者转向操作扭矩的方向和助力方向是否一致的联锁方式。

但是，与其他系统协同工作的 EPS 已经实用化，助力方向不一定能与转向操作扭矩方向保持一致，所以在这种系统中，采用监测控制计算本身的方式。

五、迈腾 B8 电子助力转向系统结构组成与工作原理

1. 迈腾 B8 EPS 结构与工作原理

图 4-2-6 为迈腾 B8 的 EPS 结构组成示意图，主要包括方向盘、转向柱、电动机械式助力转向装置电动机 V187、万向轴、转向力矩传感器 J269、转向机、助力转向控制单元 J500 等。当驾驶员操纵方向盘时，方向盘转角传感器 G85 跟着方向盘一块转动，以检测方向盘的转向角度和转向速度，转向扭矩传感器 G269 根据测距杆的转动位移来计算出驾驶员操纵的转向力矩。方向盘转角传感器和转向扭矩传感器将检测到的信号传给 ECU，除了这两个信号外，还包括发动机的转速信号、车辆的速度信号和控制单元内置的力矩特性曲线，ECU 根据这些信号综合计算出助力力矩，控制单元通过控制给电动机输送的一个电流，控制电动机的输出力矩及旋转方向，电动机通过一个蜗轮传动装置驱动平行作用于齿条的第二个小齿轮，小齿轮去驱动齿条左右移动，从而起到助力的作用。

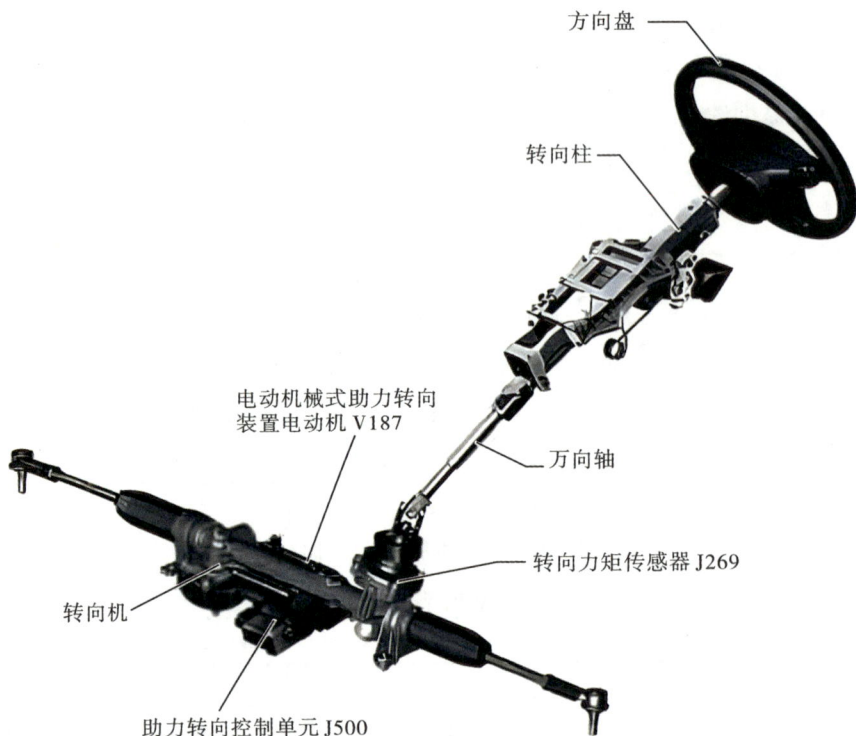

方向盘
转向柱
电动机械式助力转向装置电动机 V187
万向轴
转向力矩传感器 J269
转向机
助力转向控制单元 J500

图 4-2-6　迈腾电动助力转向示意图

2. 迈腾 B8 EPS 主要助力功能

(1)直线行驶修正功能：

它是一项源于主动回位的功能。这个功能会提供一个转向助力，使车辆回到无扭矩的直线行驶状态。

(2)主动回位功能：

驾驶员在转弯过程中减小转向力矩，该功能使扭力杆随之放松电动机，产生一个转向助力，使车轮回到直线行驶位置(车桥的几何形状本身在转向车轮上也会产生回位力，但经常太小)。

(3)偏移补偿功能：

对于前轮驱动的车辆而言，偏移补偿功能(也称为扭矩转向补偿)是电子机械式助力转向系统的一项新功能。在装配大功率发动机和不同长度万向轴的车辆上，该功能可防止车辆在加速时出现偏移。

(4)反向转向助力：

它是 ESP 中的一个补充的安全功能。该辅助系统使驾驶员能够在危急情况下(如在附着力不同的行驶路面上制动或进行横向动态行驶时)使车辆更容易保持稳定。

五、迈腾 B8 电动助力转向主要故障现象及原因

表 4-2-2 为迈腾 B8 电动助力转向主要故障现象及原因。

表 4-2-2　迈腾 B8 电动助力转向主要故障现象及原因

故障现象	故障原因
启动紧急运行程序，用备用值替代缺少的信号，转向助力完全保留	传感器 G85 失灵
转向助力关闭，需更换转向器	转向力矩传感器 G269 出现故障
启动紧急运行程序，驾驶员将得到最大的转向助力，K161 亮起黄色灯光，显示出现故障	车速信号 G44 - G47 失灵
转向助力不断降低，如果控制单元出现故障，就必须更换整个转向系统，如果转向助力下降至 60%，电动机械式助力转向系统的指示灯 K161 会呈黄色亮起	控制单元中温度传感器显示温度超过 100 ℃
转向助力会减小，并且电动机械式助力转向系统指示灯呈黄色亮起	蓄电池电压降低至 9 V
转向助力装置关闭，电动机械式助力转向系统指示灯呈红色亮起	蓄电池电压低于 9 V
蓄电池电压短时间骤降至低于 9 V	电动机械式助力转向系统指示灯会呈黄色亮起

4.2.2 任务案例车辆分析与故障维修

汽车转向助力失效
故障分析与维修

一、故障现象查看总结

1. 望

_____

_____

_____

2. 闻

_____

_____

_____

3. 问

_____

_____

_____

4. 切

_____

_____

_____

_____

二、故障本质原因分析(诊)

根据知识与原理的学习，分析"组合仪表上的转向助力故障灯亮红灯，测试转向助力失效"现象，由"转向助力控制单元-无通讯"分析可知动力转向信号无法传递，由此推断可能的故障原因：转向助力控制单元的供电线路、搭铁线路、CAN线路有故障或转向助力控制单元损坏。因此，应对电动助力转向系统的线路进行检查。

三、迈腾 **B8** 电动助力转向线路分析

迈腾 B8 EPS 电动助力转向由 J500 助力转向控制单元、G269 转向扭矩传感器、

G85 转向角传感器、V187 转向电动机等组成。J500 助力转向控制单元直接固定在电动机上，因此省去了和助力转向系统零件间复杂的导线敷设。

迈腾 B8 电动助力转向系统电路图如图 4-2-7 所示，蓄电池通过 SA3 保险丝，直接为 J500 供电，点火开关打到 ON 挡位时，通过 D51 分别为 J500 与 J533 供电，J500 通过 T2nl/1 引脚接地形成回路。J533 将其他模块的信号（如发动机转速传感器信号）等信息，通过 CAN 总线，即 T20e/18 和 T20e/8 引脚，传递到 J500 的 T3ec/2 和 T3ec/1 引脚，J500 结合 G269 的转向扭矩信息，G85 的转向角度信息等，决定当前需要多少转向支持，控制单元计算出启动电流的大小并启动电动机 V187，完成转向助力过程。

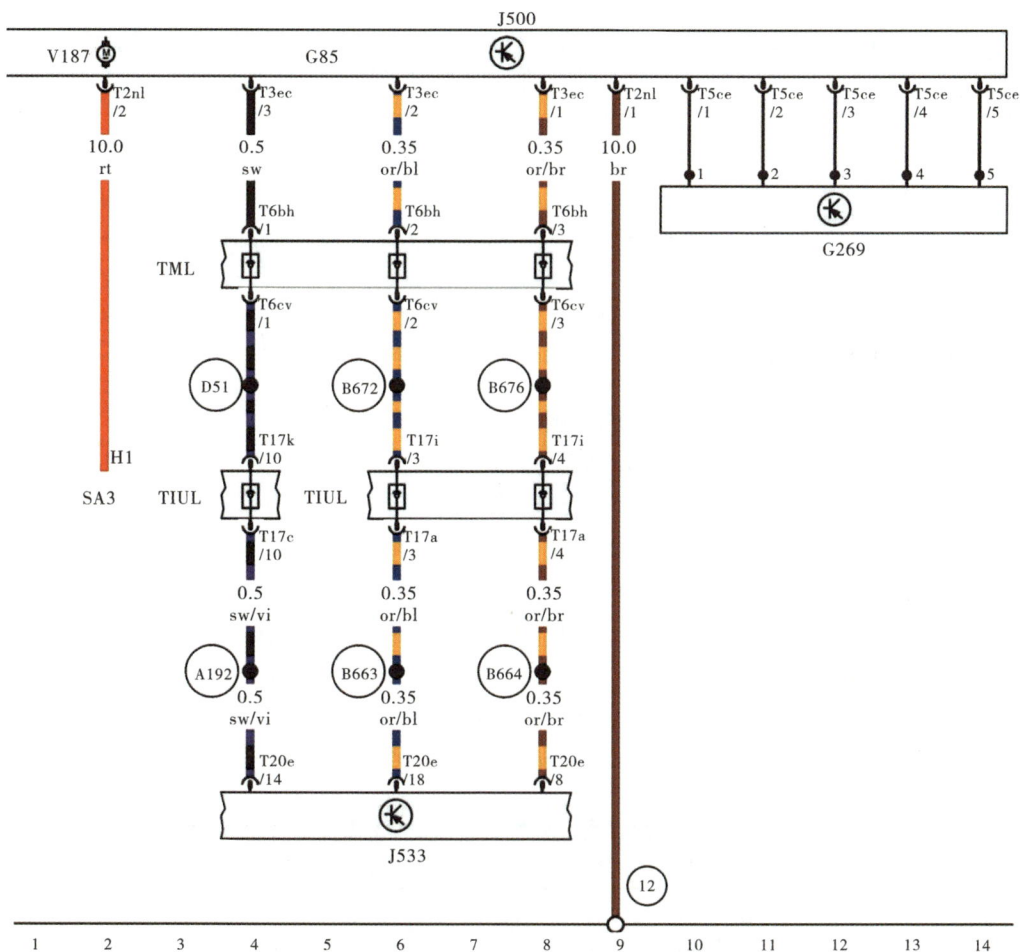

J500—转向助力控制单元；TML—发动机舱内左侧链接位置；

TIUL—车内的下部左侧链接位置；J533—数据总线诊断接口。

图 4-2-7　迈腾 B8 电动助力转向系统电路图

四、故障本质原因确定（断）

1. 依据电路图，绘制故障分析树

2. 确定可能的故障点

(1)_____

(2)_____

(3)_____

(4)_____

五、实施解决故障问题（治）

1. 根据可能的故障点绘制实施流程图

2. 记录实施步骤

(1)_____

(2)_____

(3)_____

(4)_____

(5)_____

(6)_____

六、任务完成检查

1. 启动情况检查

是否能正常启动。　　　　是□　否□

2. 车辆恢复状况检查

拆装部件是否恢复原状。　是□　否□

3. 车辆整理清洁检查

是否整理清洁车辆。　　　是□　否□

4. 工具检查整理

工具清点是否完成。　　　是□　否□

5. 新故障检查

是否有新故障。　　　　　是□　否□

七、维修总结

1. 故障原因

_____

_____

_____

2. 维修方案

_____

_____

_____

3. 采取该维修方案的原因

_____

_____

_____

4. 维修结果

_____

_____

八、保养维护建议

4.2.3　知识拓展

一、技能竞赛类车型 EPS 控制原理分析

如图 4-2-8 所示，扭矩传感器检测转向盘转动时产生的转向力矩，并将其转换为电信号，发送至动力转向 ECU，再结合来自防滑控制 ECU 的车速信号、发动机 ECU 的转速信号，计算出转向辅助力。当 EPS 发生故障的时候，信号传递至主车身 ECU，进一步传送至组合仪表 ECU，点亮 EPS 故障灯。

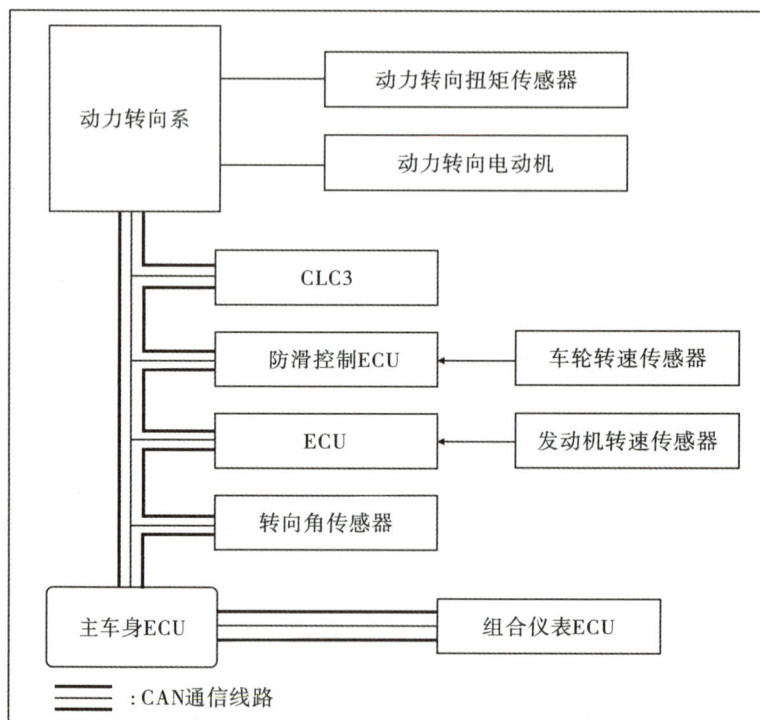

图 4-2-8　卡罗拉电动助力转向系统原理图

二、知识补充（EPS 典型故障分析）

1. 转向沉重

故障原因：接插件未插好，线束接触不良或破损，转向盘安装不正确，（扭曲）扭矩传感器性能不良，转向器故障，车速传感器性能不良，主保险丝和线路保险丝烧坏，EPS 控制器故障。

处理方法：插好插头，更换线束，正确安装转向盘，更换转向器，更换车速传感器，更换保险丝，更换控制器。

2. 在直行时车辆总是偏向一方

故障原因：扭矩传感器性能不良。

处理方法：检测扭矩传感器是否存在安装不当，如果是则更换转向器。

3. 转向助力不平顺

故障原因：扭矩传感器助力电动机出现老化磨损，机械部件损坏。

处理方法：更换相应部件，进行定期维护及检查。

三、思维拓展案例

一辆轿车在行驶过程中，出现了转向异响的现象，技师 A 认为异响声音较小属于正常情况，技师 B 认为转向系统存在问题，技师 A 和 B 谁是对的，应该如何判定？

四、课后案例探讨

本案例中的故障恢复后，车辆行驶中重复出现该故障，经检查 SA3 再次熔断，针对该情况应如何进行诊断排除？

五、练习题

（1）电动转向助力系统主要由方向盘、转向柱、_____、转向力矩传感器、转向齿轮、转向助力电动机及转向助力控制单元组成。

（2）电动机械式助力转向装置采用双小齿轮结构，其特点是使用两个小齿轮，转向小齿轮和_____，所需要的转向力借助这两个小齿轮传到齿条上，从而驱动转向齿条。

（3）直流无刷电动机采用电子换向，无需维护，功率密度_____，但成本较高；直流有刷电动机技术成熟，控制器简单，成本低。

（4）方向盘不仅受驾驶者的转向操作支配，当路面对轮胎施加扭矩时，也会出现方向盘转动的状况。所以，除了常规的助力基本控制，还应实施_____。

（5）_____是一项源于主动回位的功能。这个功能会提供一个转向助力，使车辆回到无扭矩的直线行驶状态。

（6）方向盘转角传感器和转向扭矩传感器将检测到的信号传给 ECU，除了这两个信号外，还包括发动机的_____、车辆的速度信号和控制单元内置的力矩特性曲线，ECU 根据这些信号综合计算出助力力矩，控制单元通过控制给电动机输送的电流控制电动机的输出力矩及旋转方向，电动机通过一个蜗轮传动装置驱动平行作用于齿条的第二个小齿轮，小齿轮去驱动齿条左右移动，从而起到助力的作用。

（7）根据转向力、_____、车速、_____、方向盘转速及存储在控制单元中的特性曲线图，控制单元计算出必要的助力力矩并控制电动机开始工作。

（8）扭矩传感器与扭杆组装在一起构成_____，方向盘转动时，扭杆与扭矩传感器的上半部分和下半部分存在一个相对偏转角，扭矩传感器通过检测相对转角测量方向盘力矩。

六、能力拓展

根据本节课的故障分析，尝试查询调研相关配件的价格，为车主做一份服务价格预算。

任务 4.3　汽车底盘异响故障分析与维修

▷**工作情境与任务**

　　迈腾 B8 在完成了 ABS 和转向助力维修后，启动车辆，驾驶车辆进行试车，车辆在过减速带或颠簸路面时，底盘传出"哐啷"异响，参考维修资料，排除故障，为客户今后使用提供建议，检验合格后交付车辆。

故障现象

▷**任务目标**

　　(1)熟悉底盘的结构组成。

　　(2)掌握底盘异响的分类。

　　(3)掌握底盘异响的主要检查方法。

　　(4)掌握典型底盘异响故障与处理方法。

▷**任务分析**

　　根据故障现象和"故障分析思维图"分析，底盘异响基本都是机械方面造成的声音，"哐啷"有可能是部件相互撞击产生的声音，因此，可先进行静态故障诊断排查工作。

4.3.1　必备知识与原理

一、主要知识点

　　(1)底盘容易发生异响的部位。

　　(2)底盘异响分类。

　　(3)底盘异响主要的检查方法。

　　(4)典型底盘异响故障与处理方法。

二、底盘容易发生异响的部位

　　汽车底盘由传动系、行驶系、转向系和制动系四部分组成。底盘的作用是支承、安装汽车发动机及其各部件、总成，构成汽车的整体造型，并接受发动机的动力，使汽车产生运动，保证正常行驶。

　　表 4-3-1 为底盘容易发生异响的部位。

表 4 - 3 - 1　底盘容易发生异响的部位

部位	案例
零部件之间	
松动的螺栓或螺母	
传动轴万向节	

续表

部位	案例
球头、悬挂、连接支架	
制动系统	
轮毂轴承	

部位	案例
轮胎	
变速器	
离合器	

三、底盘异响原因分类

底盘异响是指汽车行驶过程中，底盘某一部件或多个部件发出异常声响的简称。具体为汽车在行驶中从传动系、行驶系、转向系和制动系各总成部件或机构中发出的不正常噪声、响声及振动声。这是由汽车部件磨损或损坏，连接松动及配件质量差或装配不当等引起的。其实质就是两物体之间有相互的运动。汽车底盘有异响，很大一部分原因是车辆运行时零件磨损、零件连接松动、配件质量不过关、装配不合适等，并且在大部分的车辆保养过程中，维修人员均不能查出异常原因。

按底盘异响产生的原因分类：主要有撞击异响、摩擦异响、液压异响等，其中撞击类异响和摩擦类异响占绝大部分。由于液压类异响占比较低，且形成机理复杂，这里不进行详细讨论。

1. 撞击类异响

撞击类异响是指不同零部件或零部件内部不同部位发生撞击而产生的异响。根据撞击发生的原因，主要分为干涉异响、限位撞击异响、间隙配合振动异响、紧固失效异响等。

(1)干涉异响指零部件与周边件或零部件自身发生干涉而产生的异响。此类异响发生的原因有两个：一是设计间隙偏小；二是零部件制造、装配存在误差。典型案例：副车架与控制臂干涉异响、副车架与后悬置干涉异响、悬置托臂与车身纵梁干涉异响、控制臂与制动器防尘挡板干涉异响、驱动轴轴杆与移动节壳体干涉异响等。

(2)限位撞击异响是指零部件运动限位结构而产生的异响。此类异响发生的原因多为限位结构没有针对异响风险进行处理，导致极限位置出现"硬碰硬"的情况。典型案例：转向极限位置时转向机齿条与壳体直接碰撞、离合器开关推杆和离合器踏板上开关触发支架间撞击异响、离合主缸活塞套与限位座之间冲击异响、真空助力器内部敲击异响等。

(3)间隙配合振动异响是指整车其他部分的振动引发间隙配合结构振动而产生的异响。典型案例：转向机齿轮齿条配合位置异响、转向管柱调节过程中手柄共振异响、锁销晃动异响、拉索阻尼器内部共振异响等。

(4)紧固失效异响绝大部分为力矩衰退导致紧固失效引发的异响。导致力矩衰退的原因较为复杂，包括预紧力不足、被紧固件表面质量不佳、螺纹摩擦系数散差大等。典型案例：滑柱与连接杆连接点异响、转向机与副车架连接点异响、扭转梁与车身连接点异响、转向机与节叉连接点异响等。

2. 摩擦类异响

摩擦类异响是指不同零部件之间或零部件内部因发生摩擦而产生的异响。相比于撞击类异响，摩擦类异响情况更为复杂，根据异响产生的原因可分为护套类自摩擦异响、护套类与周边件摩擦异响、球副摩擦异响、转动副摩擦异响和粘滞异响等。

(1)护套类自摩擦异响。底盘很多零部件均带有不同样式的护套，护套一般为橡胶材料，起到防护作用。某些特殊工况下，因护套自摩擦产生的异响称为护套类自摩擦异响。此类异响发生的原因多为护套材质硬度偏大，润滑效果变差等。典型案例：大转角时驱动轴固定节护套异响。

(2)护套类与周边件摩擦异响是指护套因与其周边件发生摩擦而产生的异响，周边件通常为护套所要防护的件。此类异响发生原因多为护套与周边件发生运动干涉，且护套无自润滑设计。典型案例：转向护套与中间轴摩擦异响、转向护套与转向机输入轴摩擦异响、极限位置时转向机护套与齿条摩擦异响、换挡手柄护套与换挡杆摩擦异响、减振器防尘罩与弹簧上托盘摩擦异响等。

(3)球副摩擦异响是指球副在运动过程中运动副内部摩擦产生的异响。此类异响发生原因多为球副润滑结构设计不合理，无法长期储存润滑脂。典型案例：手动换挡器换挡杆与球座摩擦异响等。

(4)转动副摩擦异响是指转动副在转动过程中运动副内部摩擦产生的异响。此类异响发生原因多为转动副未设置衬套，导致转动部件间直接发生摩擦。典型案例：手制动操纵机构转轴与底座摩擦异响、选挡拉索与换挡器摩擦异响等。

(5)粘滞噪声是一种特殊的摩擦异响，其产生的机理为被紧固的配合界面（平面或弧面），在受到足以克服静摩擦力的外部冲击作用下发生了微小滑移，滑移发生前的状态称为粘滞。滑移发生前静摩擦力逐渐增加到最大值，滑移发生后静摩擦转为动摩擦，如摩擦力变化剧烈，则会发出明显噪声，此噪声称为粘滞噪声。典型案例：驱动轴与轮毂轴承配合面起步倒车异响、转向极限螺旋弹簧护套与弹簧丝配合面异响等。

四、底盘异响的主要检查方法

1. 静态检查

在对底盘进行初步检测时，应采用静力检测，具体做法：选择一块空地，将车停好，把四个轮子压紧，根据这四个轮子对传动轴、花键、轴承、滚针等零件进行仔细的检查，并对钢板、油箱等外件进行初步的检查，找出问题的根源。

2. 动态检查

在不同路况、不同速度下进行分类检查。

(1)在直行、转弯、过减速带、上坡等几种路况下，分别进行起步、加速、减速、均速实验。

(2)判断异响的声音类型：金属撞击声、"吱吱声"、冲击噪声等。

(3)判断异响产生的位置：传动系统、行驶系统、制动系统及转向系统。

五、典型底盘异响故障与处理方法

1. 前轮驱动传动轴的异响故障与处理方法

现象：转向、加速、爬坡时有连续的"咔嗒"声或金属敲击声，当运行工况稳定时异响消失；或只在转向时有"咯噔、咯噔"异响，直线行驶时异响消失。

原因：传动轴内侧或外侧等速万向节因防尘套破裂、密封不严、使用不同的润滑脂等原因，造成润滑脂缺失，导致等速万向节润滑不良而磨损。值得注意的是，磨损比较严重时，即使更换了新的防尘套和润滑脂，仍然会发生异响。

处理方法：将车辆举升后着车，挂入1挡，左右反复转动方向盘并短时轻踩制动。在车辆下方就可听到响声是从传动轴内侧或外侧等速万向节处发出的。一旦确认是等速万向节异响，就只有将其更换，才能排除异响故障。

2. 变速器异响

变速器异响是指变速器内发出不正常响声，主要表现：变速器空挡异响、直接挡工作无异响；低速挡有异响，高速挡时响声减弱或消失；变速器个别挡有异响；变速器各挡均有异响。

原因：新更换的齿轮副不匹配或单独更换了一个齿轮，破坏了原来的配合；轮齿磨损过度，齿侧间隙变大，导致齿面撞击声响；齿轮齿面损伤或齿轮断裂、个别齿折断，造成较为强烈的金属敲击声响；同步器的严重磨损、锁环滑块槽的严重磨损及环齿折断均会产生不正常响声；齿轮油不足或变质，将导致各运动副润滑不良，出现金属干摩擦声响；各轴弯曲变形，同轴度、垂直度误差过大，影响了齿轮的正常啮合和轴承的正常运转；滑移齿轮、齿槽与花键齿磨损严重、配合松旷，导致主、从动齿轮相互撞击，产生异响；变速器壳体磨损、变形及总成定位不良，破坏了各齿轮副、轴承及花键齿的配合精度；变速操纵机构中，变速杆及变速叉变形、松动及过度磨损均会造成异响。

处理方法：变速器异响与挡位、齿轮副转速、负荷等因素均有关系，挡位不同，齿轮副转速不同，参加工作和承受载荷的零件也不同，因而异响部位也不同。在汽车行驶中，若听到变速器部位有金属干摩擦声，触摸变速器外壳感到烫手，则为润滑油不足或变质，应按规定添加或更换变速器润滑油。

3. 减振器总成的异响诊断

现象：车辆行驶在不平路面上，颠簸时出现击撞声。

原因：减振器漏油造成功能不良；安装螺栓松动；橡胶衬套磨损或疲劳损坏。

处理方法：采用目视检查漏油法和模拟颠簸法，更换漏油的减振器和磨损或疲劳损坏的橡胶衬套，按规定力矩紧固螺栓。

4. 悬架控制臂的异响诊断

现象：悬架控制臂异响的故障现象较多，主要表现为车辆行驶在不平路面上，低频颠簸时出现"吱呀"的摩擦声；高频颠簸时出现击撞声。

原因：外端球铰或内端橡胶衬套磨损、疲劳损坏。

处理方法：试车确认具体故障零部件，并更换。

5. 横向稳定杆的异响诊断

现象：车辆行驶在不平路面时出现间断的"咯噔"声。

原因：横向稳定杆固定橡胶衬套磨损或老化破裂；横向稳定杆端连接杆橡胶衬套磨损或老化破裂。

处理方法：检查橡胶衬套，如不正常应更换。

6. 轮毂轴承的噪声诊断

现象：车辆行驶中产生"呜呜"的噪声，其频率随车速增加而增大。

原因：轮毂轴承润滑不良、磨损或过度、预紧力过大。

处理方法：润滑轮毂轴承并按标准调整预紧力，对于磨损的轮毂轴承则必须更换。

7. 轮胎的噪声诊断

现象：车辆行驶中产生"呜呜"的噪声，其频率随车速增加而增大。

原因：轮胎异常磨损（呈羽片状）。

处理方法：进行四轮定位检查，对轮胎进行更换。

8. 制动器的噪声诊断

现象：制动时出现"吱吱"的噪声。

原因：制动衬块磨损至极限、制动衬块与制动盘之间进入砂砾、使用劣质的制动衬块。

处理方法：更换制动衬块。

4.3.2　任务案例车辆分析与故障维修

汽车底盘异响
故障分析与维修

一、故障现象查看总结

1. 望

_____

_____

_____

2. 闻

_____

_____

_____

3. 问

_____

_____

_____

4. 切

_____

_____

_____

二、故障本质原因分析(诊)

　　根据知识与原理的学习，分析"车辆在过减速带或颠簸路面时，底盘便传出'咣啷'异响"现象，根据底盘异响分类，判断属于撞击异响的可能性较大，根据底盘异响主要的检查方法，首先通过静态检查，结合撞击异响的可能故障部分进行检查，确定故障点后，进一步通过动态检查验证。

三、迈腾 B8 底盘异响分析

　　检查底盘各摆臂、连杆、减振器、发动机护板等处的螺栓有无松动。如有松动，拧紧螺栓异响就会消失。

　　这种异响和压力轴承座与车身接合面干涉产生的异响不同，对于此类异响，左手压异响侧的车身，右手触摸减振器上端固定螺栓，能感觉到有节奏的抖动感。判断推力轴承是否损坏的方法：将车停稳，就地转动转向盘，观察弹簧是否随之发生旋转或移动，如果发生旋转或移动，为前减振器推力轴承损坏。推力轴承损坏后，减振器将很快失去减振作用。

　　迈腾 B8 减振器上端螺栓示意图如图 4-3-1 所示。紧固前减振器上端螺母，在螺母上方加一个备螺母进行紧固，观察动态试车时故障是否排除。

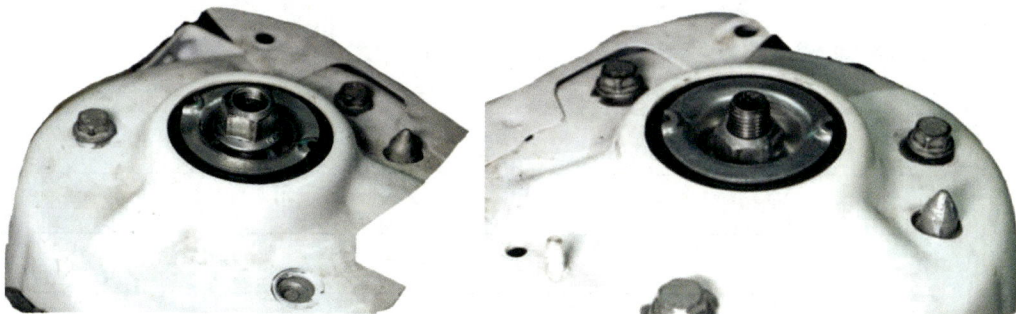

图 4-3-1　迈腾 B8 减振器上端螺栓示意图

四、故障本质原因确定(断)

1. 依据电路图，绘制故障分析树

2. 确定可能的故障点

(1) _____

(2) _____

(3) _____

(4) _____

五、实施解决故障问题(治)

1. 根据可能的故障点绘制实施流程图

2. 记录实施步骤

(1) _____

(2) _____

(3) _____

(4) _____

(5) _____

(6) _____

六、任务完成检查

1. 启动情况检查
是否能正常启动。　　　　是□　　否□

2. 车辆恢复状况检查
拆装部件是否恢复原状。　是□　　否□

3. 车辆整理清洁检查
是否整理清洁车辆。　　　是□　　否□

4. 工具检查整理
工具清点是否完成。　　　是□　　否□

5. 新故障检查
是否有新故障。　　　　　是□　　否□

七、维修总结

1. 故障原因

_____

_____

_____

2. 维修方案

_____

_____

_____

3. 采取该维修方案的原因

_____

_____

_____

4. 维修结果

_____

_____

_____

八、保养维护建议

_____

_____

_____

_____

_____

_____

4.3.3　知识拓展

一、典型底盘机械结构分析

图4-3-2为卡罗拉底盘主要机械结构部件，这些机械结构部件是底盘容易发生异响的主要位置，在维修底盘异响时，要着重检查这些部件的紧固情况，是否发生锈蚀、撞击变形，以及润滑失效等情形。

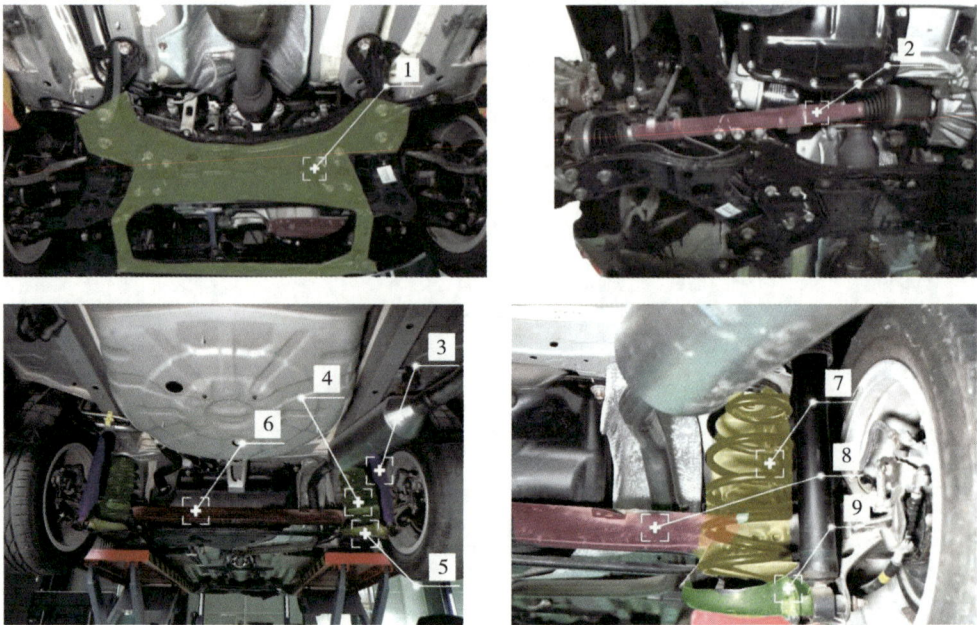

1—副车架；2—半轴；3—减振器；4—减振弹簧；5—弹簧底座；
6—后桥横梁；7—减振弹簧；8—弹簧底座；9—后桥。

图4-3-2　卡罗拉底盘主要机械部件示意图

二、知识补充(一些常见底盘异响声音)

1."咯噔声"

一些老车型在打转向时，会发出"咯噔声"异响，通常出现这种情况，都是由于转向拉杆球头橡胶块发生老化所导致的。经过长时间的静摩擦，拉杆球头间的旷量会增加，从而导致在转向中出现异响声。整个转向系统还有多个连接处，如转向机齿轮、转向柱防尘套、气囊游丝等都可能会出现异响声。而这些部件都属于易损件，出现异响后，也要及时进行更换。

2."咯吱声"

在通过减速带或是坑洼路面时，车辆出现异响。该异响声和转向出现的异响有些类似，其主要原因均为胶套老化。橡胶失去延展性，特别是冬天，由于气温较低，胶套变硬，更容易出现这种异响。胶套也属于易损件，应当及时进行更换。

3."嗒嗒声"

这种声音一般都是从底盘下传上来的，伴随着速度加速，声音也会变得更加刺耳。一般都是轮胎的缝隙中卡进石头所致的，行驶过程中石头可能因重力的影响被甩掉，可根据情况手动进行清除。

4."轰轰声"

车辆如果在跑高速时出现"轰轰声"，低速时异响则消失，很有可能是因为半轴润滑问题，导致半轴出现磨损。

5."吱吱声"

刹车时出现刺耳的金属声音，大部分为"吱吱声"，出现该现象的原因为刹车片消耗殆尽，与刹车盘摩擦。有时刹车盘因涉水出现锈迹也会导致刹车异响，如果为该情况则磨合一段时间即可恢复正常。

三、课后案例探讨

一辆帕萨特轿车，行驶里程为8万千米。用户反映车辆起步时，前轮只有在第一次起步时会偶尔出现"咔"的一下响声。据此分析判断可能造成该故障的原因。

四、思维拓展案例

一辆 2018 款奥迪 A3，行驶里程不到 10 000 km，每次停车熄火之后，车辆底盘处就会发出异响声，大概每间隔 20 s 响一声，过一会儿就不响了。去了 4S 店，维修技师说这是正常现象，请问是这样吗？

五、练习题

(1)汽车底盘由传动系、行驶系、转向系和_____四个部分组成。底盘的作用是支承、安装汽车发动机及其各部件、总成，构成汽车的整体造型，并接受发动机的动力，使汽车产生运动，保证正常行驶。

(2)按底盘异响产生的原因分类：主要有撞击异响、_____、液压异响等。

(3)间隙配合振动异响是指整车其他部分的振动引发间隙配合结构振动而产生的异响。典型案例：转向机齿轮齿条配合位置异响、_____调节过程中手柄共振异响、锁销晃动异响、拉索阻尼器内部共振异响等。

(4)护套类与周边件摩擦异响是指护套因与其周边件发生摩擦而产生的异响，周边件通常为护套所要防护的件。此类异响发生原因多为护套与周边件发生运动干涉，且护套无自润滑设计。典型案例：转向护套与中间轴摩擦异响、转向护套与_____摩擦异响、极限位置时转向机护套与齿条摩擦异响、换挡手柄护套与换挡杆摩擦异响、减振器防尘罩与弹簧上托盘摩擦异响等。

(5)变速器异响与挡位、齿轮副转速、负荷等因素均有关系，挡位不同，齿轮副转速不同，参加工作和承受载荷的零件也不同，因而异响部位也不同。在汽车行驶中，若听到变速器部位有金属干摩擦声，触摸变速器外壳感到烫手，则为润滑油_____，应按规定添加或更换变速器润滑油。

(6)一些老车型在打转向时，会发出"咯噔"异响，通常出现这种情况，都是由_____橡胶块发生老化所导致的。经过长时间的静摩擦，拉杆球头间的旷量会增加，从而导致在转向中会出现异响声。整个转向系统还有多个连接处，如转向机齿轮、转向柱防尘套、气囊游丝等都可能会出现异响声。

(7)底盘异响是指汽车行驶过程中，底盘某一部件或多个部件发出异常声响的简称。具体为汽车在行驶中从传动系、行驶系、转向系和制动系各总成部件或机构中发出的不正常噪声、响声及振动声。这是由汽车部件磨损或损坏，连接松动及_____或_____等引起的。其实质就是两物体之间有相互的运动。

(8)汽车底盘有异响，很大一部分原因是车辆运行时零件的_____、零件连接_____、配件质量不过关、装配_____等，并且在大部分的车辆保养过程中，维修人员均不能查出异常原因。

六、能力拓展

根据本节课的故障分析，尝试查询调研相关配件的价格，为车主做一份服务价格预算。

附录 A 课程任务案例故障分析总结

项目 1 车身控制系统典型故障分析与维修

任务 1.1 汽车前照灯不亮故障分析与维修

故障分析：

在灯光开关处于 OFF 挡时，所有小灯点亮且右侧近光灯点亮，说明灯光控制系统进入应急保护模式。读取故障码为"车灯开关不可信信号"，说明大众迈腾 B8L 灯光控制系统在 J519 与 E1 之间的 LIN 线出现断路，对负极断路，E1 的电源出现故障，在开关监测线出现对负极断路时都会进入应急保护模式。"右前雾灯不工作"有可能是由雾灯灯泡损坏或雾灯线路断路引起的。

故障总结：

该故障原因为 J519 至车灯开关 E1 之间 LIN 线断路，雾灯线路断路。

课后案例探讨分析：

该故障主要考查维修人员对车辆灯光系统控制逻辑的理解，迈腾车辆灯光故障的控制逻辑为"灯光开关信号→车身控制单元→灯光"，首先应进行故障码的读取，查看故障码情况，可根据故障码进一步进行判断。由于灯光能够常亮，证明灯具本身并未损坏，而该类型的故障，无法用控制逻辑分析说明，所以该类型故障出现的原因通常是控制单元出现故障，尤其是进水造成的控制单元短路，从而导致控制单元控制逻辑出现问题，出现常亮的现象。

思维拓展案例分析：

该故障类型较为特殊，由于是 2010 年的捷达，该类型的车辆属于"开关、继电器控制灯光系统"，灯光混乱的情况多是因为灯光控制单元出现了故障，但该车型没有配备灯光控制单元。如果灯泡没有故障，就可断定该线路出现了灯光串联的情况，导致灯光电压不足，从而出现灯光昏暗。因此，多是由于某条线路与其他线路出现了短路，从而导致灯光串联，出现灯光控制混乱的情况。

任务 1.2 汽车车窗升降失效故障分析与维修

故障分析：

由"左后位置可以控制玻璃升降"，可以确定左后玻璃升降系统都是正常的。由于没有故障码，控制单元和 LIN 线出现故障的概率较小，因此根据控制逻辑"驾驶员侧玻璃升降开关→驾驶员侧车门控制单元→LIN 线→左后侧车门控制单元→左后侧车门玻璃升降电动机"，重点排查"驾驶员侧玻璃升降开关"和控制单元之间的线路。

故障总结：

该故障原因为开关端子 T101/8 与控制单元端子 T32/30 间的线路存在断路故障，

导致开关信号无法送达控制单元。

课后案例探讨分析：

该故障主要考查维修人员对玻璃升降系统组成的理解和对汽车故障发生规律的认识。在本案例中，汽车行驶已达 10 万千米，按照汽车故障形成的规律，许多部件达到了预期使用期限。系统中没有故障码，证明车辆电控系统出现故障的问题比较小，能听到电动机旋转的声音，证明电动机也在运行。因此该故障案例最有可能的原因是电动机齿轮部分发生了严重磨损，导致电动机无法输出动力，从而只能听到电动机旋转的声音。

思维拓展案例分析：

该类型故障是玻璃车窗常见的故障现象，特别注意该故障案例特别说明了老旧轿车，通常该类型故障发生在使用年限较长的车辆上，其原因是机械部件密封系统出现了老化，脏污严重，导致摩擦力变大，从而导致故障的发生，只要进行部件的更换即可解除故障。

项目2　发动机机械系统典型故障分析与维修

任务 2.1　发动机机油泄漏故障分析与维修

故障分析：

"发动机油底壳部分存在油渍，油底壳密封处有机油液滴存在"，确定油底壳与曲轴箱密封的连接部位存在泄漏，该故障主要通过机油油渍的位置确定机油泄漏点。发动机机油渗漏、泄漏是常见的故障现象，正确判断泄漏位置十分重要。

故障总结：

油底壳与曲轴箱密封的连接部位存在泄漏。

课后案例探讨分析：

该故障案例主要模拟实际维修中的常见情况，车辆保养不规范，车主对车辆的保养情况也不了解，需要维修人员凭借自身的理解对故障进行分析排查。通过对思维拓展案例中机油灯亮起的原因进行初步分析，排除掉可以查找到的故障。

初步分析为机油油道内部有阻塞情况，通过分多次加入适量机油，查看故障变化，发现车辆的报警频次降低，说明机油油泵是正常工作的，因此很有可能是在转弯等特定工况下，机油压力无法达到规定值，导致机油灯亮起。

车辆急速转弯时，发动机的缸盖-后端盖回油孔为发动机油道的主回油通道，车辆运行长里程后溢出的密封胶脱落导致发动机缸盖-后端盖的回油孔堵塞，发动机转弯时回油不畅引发发动机泵油困难，从而造成发动机机油压力不足瞬间报警。在车辆直线行驶及其他工况下，密封胶造成的机油流量减少有限，不会触发机油压力警告灯点亮。

对发动机进行清洁，拆除后盖并清除密封胶，按照维修手册的涂胶标准，严格按照胶线的宽度与高度及胶线走线方向，重新安装涂好密封胶的后盖，恢复发动机整体。

思维拓展案例分析：

①机油品质下降或变质；②机油选用的牌号不合适；③机油液位偏低；④机油滤器堵塞；⑤限压阀、回油阀的弹簧折断或弹力变小；⑥机油压力开关损坏；⑦曲轴凸轮轴轴颈与轴承间隙过大；⑧机油泵损坏；⑨主油道泄漏或堵塞；⑩集滤器堵塞。

任务 2.2　发动机怠速不稳故障分析与维修

故障分析：

该故障现象较为特殊，各个系统没有故障码，说明电控系统存在故障的可能性较小，主要针对机械、物理方面的故障进行排查。而中高速怠速正常，说明该故障随着转速的提高，得以改善。在这种情况下，需要维修人员发散思维，对各种可能存在问题的部件进行故障分析。如火花塞若存在间隙变大、点火能量变弱的情况，在中高速行驶时改善的可能性很小，通过类似的分析方法，锁定机械系统主要的可能故障点：单个气门弹簧断裂、液压补偿元件故障、凸轮轴凸轮异常磨损等，因为数据流显示 3 缸数据流不正常。因此，拆卸气缸盖罩，对三个部件进行检查。

故障总结：

该故障为进气门液压补偿元件摇臂的滚子轴承间隙过大，影响气门实际开闭时间和进气量。当滚子轴承间隙过大，发动机怠速运转时，进气量会出现一定偏差，气门开闭时间也会出现轻微偏差，导致怠速运转不平稳。随着发动机转速升高，涡轮增压器的转速也随之升高，进气效果提高，从而改善怠速不稳的情况。

课后案例探讨分析：

该故障案例与任务案例相似，都是怠速不稳，在速度增高时有缓解，也是实际维修中常见的故障案例。由于存在故障码"P050500—怠速控制系统"，据此判断故障范围：①电子节气门控制系统；②进气系统；③曲轴箱强制通风阀（PCV）及软管连接；④废气再循环（EGR）阀总成；⑤发动机控制单元（ECU）等。根据机舱内有漏气的声音，判断具体的漏气位置，在无法判定的情况下，可进一步通过读取数据流进行分析。在该案例中，进一步对曲轴箱强制通风阀（PCV）及软管连接、废气再循环（EGR）阀总成和 VSV 电磁阀进行逐一排查，确定故障。

思维拓展案例分析：

该类型故障是常见故障现象，在车辆行驶里程数较高时（如 10 万千米以上），三元催化系统会存在不同程度的阻塞，严重的情况下会造成发动机怠速不稳，故障灯亮，发动机转速难以提升，甚至车辆无法启动。主要的形成原因是燃油品质较差，其他材料的脱离引起阻塞等。

几种常用的三元催化阻塞检测方法：

1)利用风速仪检测

用风速仪来测量车辆怠速时尾气的排放速度，在不同的转速下尾气的排放速度，取几个参考值，与怀疑三元催化器发生堵塞的车辆做比较，如果比参考值低就可以判断是三元催化器阻塞。

2）真空表检测

汽车启动后，将其转速控制在 2500 转左右，若真空表能够恢复为起始数值，并且能够维持 15 s 以上，说明三元催化器正常，反之则说明阻塞。

3）红外线检测

用红外温度检测仪检测三元催化器进排气口的温差，如果温差小于 10 度，则说明三元催化器堵塞严重，必须及时更换。

针对积碳的三元催化器可进行清洗，尝试恢复功能，若出现阻塞严重、破损等情况，则更换新的三元催化器。

项目 3　发动机电控系统典型故障分析与维修

任务 3.1　发动机启动系统不工作故障分析与维修

故障分析：

该故障案例主要考查对几个关键故障现象的分析理解，"启动机不工作"说明启动系统存在问题，而解码器与 ECU 无法建立连接，表明 ECU 没有处在工作状态。因此，本故障应该首先对 ECU 不工作的原因进行排查，而 ECU 不工作最常见的原因就是供电和接地线路出现了问题。如果是 ECU 本身出现了故障，通常会出现比较多的故障现象，也能读出一些故障码，同时要考虑车辆是否有过进水，如进行了相关部件的清洁导致清洁液进入 ECU 内部。在修复了 ECU 故障后，确定解码器能够连接 ECU 读取故障码，再分析启动机不工作的原因，是否有对应的故障码，如果没有故障码，要考虑启动机本身是否出现了问题。

故障总结：

该故障为 J623 供电系统故障，J271 的 86 脚到 J623（T94/69）之间线路虚接。修复该故障后，若启动机仍不工作，且无故障码，则有可能是启动机控制线路故障，SB23 保险丝断路。

课后案例探讨分析：

该故障案例主要考查维修人员对故障现象中"听"的能力，"望闻问切"是否得到了全面的应用。通过仔细"听"启动过程中的声音，能够初步判断出对应的继电器、启动机是否工作，进而缩小故障排除的范围。由于启动继电器有吸合声音，可以先排除启动继电器故障。启动机内无触点吸合的声音，说明启动机 50 控制线没有电压流入，而没有故障码说明线路存在故障的可能性较低。因此，首先检查启动机本体是否存在故障，可通过跨接启动机 50 引脚，检查启动机是否工作，在跨接的时候，可以听启动机内是否有触点吸合，如果没有则是启动机内线圈部分存在故障，如果吸合但启动机仍不工作，则可能是电枢部分存在故障。

思维拓展案例分析：

该类型故障是电控单元的常见维修故障，当控制单元插拔的次数过多，或者插头进水氧化时，就容易导致电控单元插头出现虚接的问题。如果不是进水导致电控单元内部发生了故障，仅仅是插头部分发生了虚接，通常维修人员采取的简易维修方法为"对插头的线束进行手动拉扯，让虚接的插头恢复到正常状态；采用对虚接的插头插入铜丝的方法，使虚接恢复正常"。需要注意该方法为简易方法，维修时要注意是否牢固，保证后期运行。

任务 3.2　发动机启动后熄火故障分析与维修

故障分析：

该故障案例主要考查对发动机燃油供给系统故障现象的分析理解。通过"启动后熄火"的现象，可以分析，燃油供给系统中有残存的燃油，让发动机能够启动，但后续没有燃油持续供给导致无法继续工作。因此，故障主要锁定在燃油泵上。可以在启动的时候，仔细听燃油泵有无工作的声音，如果没有工作的声音，则可锁定燃油泵出现了故障。因此可能是燃油泵线路故障和控制燃油泵的 J538 部分出现了局部故障。J538 的故障一般都会存在故障码，由此进行最后排除。可先对燃油泵的线路通断情况进行检测，再检测燃油泵是否正常。

故障总结：

该故障为燃油泵接地线 T5aw/1 - T5ax/1 断路，导致燃油泵无法工作。维修人员在检测该线路故障时，要注意使用波形和电阻的检测方法进行检测。

课后案例探讨分析：

该故障案例是维修实践中常遇到的故障现象，主要考查维修人员对实际应用中的案例分析能力。火花塞由于长时间的使用，极易出现积碳、间隙变大等情况，从而导致怠速不良，甚至不能启动的情况。在本案例中由于故障码显示 1 缸缺火，首先应对 1 缸的点火系统进行检查，确定 1 缸的点火线路是否存在问题。由于车辆是第一次做 6 万千米保养，要考虑是否存在其他故障的可能性，检查缸体是否存在漏气、节气门积碳等情况。因为是更换过火花塞后出现的故障，所以应着重检查火花塞。例如，火花塞的型号是否满足原厂需求，在更换的过程中火花塞的力矩是否符合规定值，火花塞的陶瓷体是否存在裂纹等。

思维拓展案例分析：

该故障案例考查维修人员对故障形成原因的分析能力，没有故障码，说明解码器能够与发动机控制单元建立通信连接，只是系统里读取不到故障码，因此发动机控制单元没有问题。如果发动机控制单元存在故障，会导致解码器无法与之建立连接，或者出现其他故障码。"喷油器、燃油泵及点火系统没有电压信号"说明有故障导致发动机不进行点火与供油的控制,因此排查的重点应落脚在"哪些故障可以导致发动机电控单元不进行点火与供油的控制"。该故障发生时会导致曲轴位置传感器无火无油,发动机电控单元接收不到曲轴位置信号,无法判定 1 缸上止点。因此,车辆会出现无法启动,而且对应点火和供油都不工作的现象。

项目 4　汽车底盘典型故障分析与维修

任务 4.1　汽车 ABS 报警故障分析与维修

故障分析:

该故障为 ABS 常见的故障情况,触发频率高,考查维修人员是否能够熟练地对 ABS 传感器和线路进行检测。"右后轮轮速传感器信号不可靠"说明 ABS 控制单元接收的轮速信号存在问题,而且没有显示轮速传感器的故障,说明该故障影响了信号的稳定性。因此,应针对轮速传感器进行检查排除。

故障总结:

右后轮轮速传感器存在脏污,导致该故障的发生,将脏污清除后系统恢复正常。在平时的故障案例中,车辆在经过泥泞道路时,会经常因为泥土附着在轮速传感器上导致该现象的发生。

课后案例探讨分析:

该故障案例是课程案例的进一步延展,同样的故障位置,但故障原因却不相同。针对本故障案例,同样考虑轮速传感器故障、线路故障和控制单元局部故障三种可能性。在排除思路上,可通过行驶过程中对轮速传感器的数据流进行读取,分析轮速的数值变化情况。为确定轮速传感器是否存在故障,可将两个车轮的轮速传感器进行对换,如果故障码也随之发生了对换,则可锁定故障在对换的部件上,否则在控制单元部分。该故障发生的原因为轮速传感器至插头之间的线路被拉扯挤压,存在接触不良。该故障案例要特别注意调换法的使用,在实际维修场合往往没有同型号的零部件更换,采取调换法可以简洁迅速地判断故障情况。

思维拓展案例分析:

该故障案例考查维修人员对故障现象产生原因的了解程度。该故障有着明显的偶发性,涉及多个系统的特点,一般维修人员在接触到多个系统同时故障的时候往往不知道如何入手。首先该案例中 ABS 和胎压系统属于彼此相关联的系统,在没有明显的同时出问题的前提下,两者或多个系统同时出问题的可能性确实较小。因此要对几个系统进行共同分析。该案例故障为网关至 ABS 控制单元的 2 根 CAN 线中的 CAN_L 线插头松动导致。一般该种类似多系统多故障码的现象,通常为通信线路出现的问题,类似的有发动机通信线路等。遇到该类型故障,首先分析通信线路也是一种有效的排除手段。

任务 4.2　汽车转向助力失效故障分析与维修

故障分析：

该故障是典型的电控单元无法正常工作的故障现象，通过故障分析已经确定三个故障范围：转向助力控制单元的供电线路、搭铁线路故障，CAN 线路故障或转向助力控制单元损坏。按照对应的排除顺序进行排除即可，该故障为 SA3 保险丝断路导致的控制单元无法供电，从而导致转向助力失效。

故障总结：

J500 供电保险丝 SA3 断路。

课后案例探讨分析：

在实际维修中，若发现保险丝熔断，一定要分析保险丝熔断的原因。因电流过大而熔断的保险丝，通常是短路造成的。因此，应对保险丝的线路进行检查，若发现线路存在短路现象，进一步分析造成短路的原因，发现是 SA3 保险丝所在线路发生了破损导致断路，SA3 保险丝一直存在被熔断断路的情况，所以在实际维修中要分析保险丝熔断的原因。

思维拓展案例分析：

该现象是实际维修中常见的情况，许多异响情况难以维修，客户在遇到异响时都会认为是故障导致的。对待该种情况首先要明确故障现象的具体情况，同时查询车辆的状态，对有无前期的撞击事故、车辆的使用年限及转向系统种类等进行综合判断。有些车辆使用年限较长，转向齿轮机构出现了磨损，会出现一定程度的异响，但不影响转向工作，则可以认为是正常情况，是否进一步维修，取决于客户对异响的容忍程度。但如果出现异响的同时伴有转向沉重等情况，则要考虑系统中是否有其他故障的存在。

任务 4.3　汽车底盘异响故障分析与维修

故障分析：

该故障为常见的异响现象，异响是实际维修中最难排除的故障之一，主要原因是确定故障点十分困难，通常需要通过多次排除才能最终锁定故障点，本案例"车辆在过减速带或颠簸路面时，底盘便传出'咣啷'异响"，说明零部件之间存在间隙，导致在路面不平整的情况下出现撞击声音，要多次听声音发出的位置进行判定，在大致确定了异响的位置后，对该区域所有的零部件进行检查，从而确定存在异响的位置。

故障总结：

本案例为左前减振器上端螺母松动。

课后案例探讨分析：

通过分析可以判断异响在启动的时候出现，通过举升车辆，一人操作，一人在底盘下部，在分别在挂入不同挡位及踩下制动等操作的时候，观察底盘的变化情况和异响的情况。该案例在进行上述操作过程中发现"左前半轴部位会随着声音的出现而轻微移动，左侧半轴的外球笼处还会有振动"，因此怀疑是半轴球笼间隙过大导致的，可以通过更换左前轮轮毂轴承排除故障。

思维拓展案例分析：

该现象是广大车主使用过程中常遇到的问题，维修人员要能够对问题进行具体分析，并解决说明。首先要判断声音的产生位置，如果是发动机舱内在车辆熄火后，出现清脆的"啪啪"声，通常是隔热板受冷收缩发出的声音。如果是车辆后部的油箱内在车辆熄火时能听到沉闷的"嘣嘣"声，可能是因为燃油蒸汽温度发生变化，燃油箱发生轻微的收缩，此时汽油泵的压紧装置就会发出声音。这样的声音都是正常现象，需要跟客户解释清楚发生原因。

附录 B 练习题答案

项目 1
任务 1.1

(1)灯罩 反光碗

(2)散热部件

(3)控制继电器线圈

(4)控制单元 J527

(5)D2S D2C

(6)5

(7)插头接口接

(8)额定功率

任务 1.2

(1)车门钣金 升降器

(2)动力源

(3)1∶70

(4)钢丝绳 玻璃托架

(5)玻璃升降器

(6)升降马达过载

(7)玻璃升降器总成

(8)安装位置

项目 2
任务 2.1

(1)老化发硬而失去弹性

(2)新橡胶垫

(3)拧松气门室罩盖紧固螺栓

(4)内应力和拆卸时不规范操作

(5)下凹上凸

(6)发动机油底壳内的机油

(7)小 大

(8)热应力

任务 2.2

(1)无负载运转

(2)完全松开

(3)600～900

(4)脉冲宽度

(5)抖动

(6)NO

(7)热模式空气流量计　氧传感器

(8)电子节气门开度

项目 3

任务 3.1

(1)火花塞

(2)显示机构

(3)＋5 V

(4)控制端子

(5)点火开关

(6)正极

(7)电子控制燃油喷射系统

(8)5 V

任务 3.2

(1)进气量

(2)进气歧管

(3)脉动阻尼器

(4)1～2 s

(5)50～110 bar

(6)发动机抖动

(7)导通和截止

(8)感应电动势(15～20 kV)

项目 4

任务 4.1

(1)防滑控制

(2)滑移率

（3）液压泵

（4）减速度传感器

（5）高温损坏

（6）EBD

（7）液压调节装置

（8）磁脉冲式传感器

任务 4.2

（1）方向盘转角传感器

（2）驱动小齿轮

（3）大

（4）助力辅助控制

（5）直线行驶修正功能

（6）转速信号

（7）发动机转速　方向盘转角

（8）扭矩传感器总成

任务 4.3

（1）制动系

（2）摩擦异响

（3）转向管柱

（4）转向机输入轴

（5）不足或变质

（6）转向拉杆球头

（7）配件质量差　装配不当

（8）磨损　松动　不合适

附录 C 微课学习总表

课程预备知识学习			课程任务故障现象			任务案例分析与维修微课		
序号	名称	二维码	序号	名称	二维码	序号	名称	二维码
1	树工匠精神，做汽车良医		1	项目1 任务1.1		1	汽车前照灯不亮故障分析与维修	
2	如何利用中医的诊断方法进行汽车故障诊断与排除		2	项目1 任务1.2		2	汽车车窗升降失效故障分析与维修	
3	故障树分析法在汽车故障诊断与排除中的应用		3	项目2 任务2.1		3	发动机机油泄漏故障分析与维修	
4	汽车故障诊断排除实施流程图的绘制方法		4	项目2 任务2.2		4	发动机怠速不稳故障分析与维修	
5	汽车电路图册的识读方法		5	项目3 任务3.1		5	发动机启动系统不工作故障分析与维修	
6	汽车电路简图的绘制方法		6	项目3 任务3.2		6	发动机启动后熄火故障分析与维修	
7	如何爱岗敬业恪守职业道德		7	项目4 任务4.1		7	汽车 ABS 报警故障分析与维修	
8	如何利用唯物辩证法分析问题、解决问题		8	项目4 任务4.2		8	汽车转向助力失效故障分析与维修	
9	汽车维修与公共安全息息相关		9	项目4 任务4.3		9	汽车底盘异响故障分析与维修	

参考文献

[1]廖腾辉. 大众迈腾 B8L 灯光系统故障诊断与排除[J]. 内燃机与配件，2019，（15）：124 – 125.

[2]王少君，邱骞. 迈腾 B8L 车玻璃升降系统的工作原理及故障 1 例[J]. 汽车维护与修理，2021，（20）：75 – 77.

[3]刘孝荣. 浅谈汽车发动机漏机油[J]. 汽车维修，2016，（04）：41 – 44.

[4]尹学飞. 一汽大众迈腾怠速发抖的故障诊断与排除[J]. 时代汽车，2016，（11）：83.

[5]陶磊，李海娟. 浅析迈腾发动机不能启动的故障分析及排除[J]. 汽车维修，2015，（10）：36 – 37.

[6]郭顺，李玲. 大众迈腾 B8 发动机无法启动故障案例分析[J]. 汽车实用技术，2023，48(08)：178 – 182.

[7]孙杰. 丰田卡罗拉发动机怠速不稳[J]. 汽车电器，2021，（10）：80 – 81.

[8]田先锋. 某汽车发动机点火系统常见故障及案例分析[J]. 专用汽车，2023，（05）：89 – 91.

[9]廉政，张仕同. 2020 年大众迈腾颠簸行驶 ABS 报警[J]. 汽车维修技师，2023，（04）：126.

[10]陈元钦. 一汽-大众车型 ABS 故障灯点亮故障 4 例[J]. 汽车与驾驶维修(维修版)，2023，（10）：10 – 11.

[11]邵青. 邵青门诊[J]. 汽车维修与保养，2020，（08）：20.

[12]祝恒磊. 上汽大众车型故障 2 例[J]. 汽车与驾驶维修(维修版)，2021，（07）：22 – 23.

[13]江浩男，吴逶明. 2021 年产一汽丰田亚洲狮为何莫名怠速不稳[J]. 汽车与驾驶维修(维修版)，2022，（09）：12 – 13.

[14]詹华. 丰田卡罗拉三元催化器故障检测与排除[J]. 内燃机与配件，2020，（24）：156 –157.

[15]代孝红，李新伟. 双小齿轮式电子助力转向系统控制策略分析研究[J]. 内燃机与配件，2017，（20）：52 – 53.

[16]王坤，左正涛. 基于汽车底盘异响的故障诊断及排除分析[J]. 专用汽车，2023，

(06)：119－121.

[17]叶明瑞，孙福禄，辛庆锋，等．浅析底盘异响问题解决方案[J]．汽车实用技术，2021，46(21)：173－175.

[18]王少璋．汽车底盘异响产生机理及控制方法[J]．客车技术，2018，(04)：40－42.

[19]郑明锋，吴娱雯．汽车检测与故障诊断[M]．北京：北京理工大学出版社，2021.

[20]孙焕新，于天秀．汽车故障诊断与维修技术[M]．西安：西安交通大学出版社，2016.

[21]屠卫星，谢剑．汽车传动与制动系统维修[M]．西安：西安交通大学出版社，2017.

[22]刘静，陈林山．汽车电气系统维修[M]．西安：西安交通大学出版社，2019.